CLASSIQUES EN POCHE

Collection dirigée par Hélène Monsacré

Dans la même collection

1. Aristophane, *Lysistrata*.
2. Aristote, *Constitution d'Athènes*.
3. Cicéron, *L'Amitié*.
4. Platon, *Alcibiade*.
5. Suétone, *Vies des douze Césars, Claude~Néron*.
6. Plotin, *Première Ennéade*.
7. Eschyle, *Les Sept contre Thèbes*.
8. Platon, *Critias*.
9. Aristote, *La Poétique*.
10. Horace, *Odes*.
11. Pline l'Ancien, *Histoire Naturelle, XXXV, la Peinture*.
12. Virgile, *Bucoliques*.
13. Platon, *Ménexène*.
14. Tacite, *Vie d'Agricola~La Germanie*.
15. Platon, *Protagoras*.
16. Sophocle, *Antigone*.
17. Sénèque, *La Vie heureuse~La Providence*.
18. Cicéron, *Le Bien et le Mal, De finibus, III*.
19. Platon, *Gorgias*.
20. Hérodote, *Histoires, II, l'Égypte*.
21. César, *Guerre des Gaules, I-II*.
22. Ovide, *Les Amours*.
23. Plotin, *Deuxième Ennéade*.
24. Sophocle, *Œdipe Roi*.
25. Tite-Live, *Histoire romaine, I, La Fondation de Rome*.
26. Virgile, *Géorgiques*.
27. Pseudo-Sénèque, *Octavie*.
28. Catulle, *Poésies*.
29. Aristote, *Politique II*.
30. Aristophane, *Les Guêpes*.
31. Homère, *Iliade, chants I à VIII*.
32. Euripide, *Les Bacchantes*.
33. Plaute, *Pseudolus*.
34. Tertullien, *Apologétique*.
35. Homère, *Iliade, chants IX à XVI*.
36. Platon, *Phèdre*.
37. Homère, *Iliade, chants XVII à XXIV*.
38. Salluste, *La Conjuration de Catilina*.
39. Cicéron, *Pro Milone*.
40. Platon, *Lysis*.

ARISTOTE

POLITIQUE

Livre II

Texte établi et traduit par Jean Aubonnet
et Marie-Laurence Desclos
Introduction et notes de Marie-Laurence Desclos

Deuxième tirage

LES BELLES LETTRES

2002

Dans la même collection (suite)

41. Plotin, *Troisième Ennéade.*
42. Diogène Laërce, *Vie de Platon.*
43. Pline l'Ancien, *Histoire naturelle, XXXIII, Nature des métaux.*
44. Pétrone, *Satiricon.*
45. Apulée, *Apologie.*
46. Lucien, *Alexandre ou le faux prophète.*
47. Plutarque, *Les Vies parallèles. Alcibiade~Coriolan.*
48. Démosthène, *Sur la Couronne.*
49. Euripide, *Hécube.*
50. Mamertin, *Panégyriques de Maximien (289 et 291).*
51. Platon, *Hippias mineur.*
52. Xénophon, *Anabase, I-II.*
53. Suétone, *Vies des douze Césars, Tibère~Caligula.*
54. Salluste, *La Guerre de Jugurtha.*
55. Eschyle, *Les Perses.*
56. Sophocle, *Ajax.*
57. Horace, *Satires.*
58. Homère, *Odyssée, chants I à VII.*
59. Homère, *Odyssée, chants VIII à XV.*
60. Homère, *Odyssée, chants XVI à XXIV.*
61. Juvénal, *Satires.*

Ce texte et la traduction sont repris du volume correspondant dans la Collection des Universités de France (C.U.F.), toujours disponible avec apparat critique et scientifique.
(Aristote, Politique, Tome I, *9e tirage, 2002)*

95 bd Raspail 75006 Paris.
www.lesbelleslettres.com

Première édition 1998

ISBN : 2-251-79929-X
ISSN : 1275-4544

Introduction

*par Marie-Laurence Desclos**

I. Aristote : la vie et les œuvres

1. Biographie

Aristote naît en 384 à Stagire, ville grecque sous influence macédonienne, fondée en 655 sur la côte est de la Chalcidique de Thrace par des colons ioniens venus d'Andros. Son père, Nicomaque, est le médecin personnel d'Amyntas II, père de Philippe de Macédoine. Aristote est encore enfant lorsque meurt Nicomaque : ce n'est donc pas à son influence qu'il doit ce goût pour les recherches empiriques, en quoi Gomperz reconnaît l'Asclépiade qui, en lui, s'opposera un jour au Platonicien[1].

En 366, le jeune Stagirite arrive à Athènes : il a dix-huit ans. Il entre à l'Académie, où il restera vingt ans, jusqu'à la mort de Platon dont, après avoir été l'élève puis le disciple, il devient le collaborateur. C'est lui, en

* Maître de conférence à l'Université Grenoble-II.

1. Th. GOMPERZ, *Les Penseurs de la Grèce : histoire de la philosophie antique*, trad. par M.-A. Reymond, Lausanne-Paris, Payot/Félix Alcan, 3 vol., 1904-1910, III, ch. VI et VII.

effet, si l'on en croit la tradition, qui fut chargé de l'enseignement de la rhétorique au sein de l'Académie, ce qui l'a sans doute amené à s'opposer pour la première fois à Isocrate et à son école, tout comme c'est à lui que Platon aurait confié la rédaction de ses leçons *sur le Bien*.

À la mort de Platon, en 348, Aristote quitte Athènes en compagnie de Xénocrate, un autre « académicien ». Les Anciens, les premiers, se sont interrogés sur les raisons de ce départ, et ont cru y reconnaître, déjà !, le dépit de celui auquel on a préféré un « collègue » : c'est Speusippe, en effet, qui prend la tête de l'Académie. D'autres hypothèses ont été formulées : pour certains, Aristote aurait été chargé, par Speusippe lui-même, de créer une filiale de l'Académie en Asie Mineure, sous la protection bienveillante d'Hermias, tyran d'Atarnée ; pour d'autres, il aurait craint pour sa sécurité en raison de ses liens avec la cour de Pella, lesquels lui auraient permis d'intercéder en faveur des Athéniens auprès du roi de Macédoine[2]. Mais, après la prise d'Olinthe par Philippe en 347, il y avait là matière à susciter l'hostilité du parti anti-macédonien. Toujours est-il qu'il se rend à Assos, en Troade, où il tient école pendant trois ans, se livre à des recherches biologiques sur les espèces marines de la région, et épouse la nièce d'Hermias dont il est un proche. En 345, nouveau départ, pour Mytilène et l'île de Lesbos cette fois. Là encore, on en ignore les raisons.

En 343, Philippe appelle Aristote à Pella[3] pour qu'il

2. D'après Ibn Abi Usaibia, *Tabaqat al-atibba'*, §§ 17-18, *in* I. DÜRING, *Aristotle in the Ancient Biographical Tradition*, Göteborg, Elander, 1957 (ci-dessous : DÜRING [1957]), p. 211 .

3. Mais c'est le Nymphée de Mieza « qu'il assigna au maître et à l'élève, pour y passer leur temps dans l'étude », c'est-à-dire un parc consacré aux Nymphes « où l'on montre aujourd'hui encore les bancs de pierre et les promenades ombragées d'Aristote », écrit Plutarque (*Vie d'Alexandre*, 7, 4). Mieza se trouvait dans les environs de Pella.

devienne le précepteur d'Alexandre, alors âgé de treize ans. Il y demeure jusqu'en 335, après la mort de Philippe et l'accession au trône de son élève. Il aurait, pendant cette période, composé à son intention un traité *De la monarchie*, et un autre *Sur les colonies*, aujourd'hui perdus[4]. Ont-ils seulement jamais existé ? Ne doit-on pas considérer la mention qui, ici ou là, en est faite, comme l'une de ces « nombreuses histoires » forgées par une « imagination romantique » enflammée par la rencontre de « l'esprit le puissant de son temps » avec « l'homme le plus puissant » que la Grèce ait connu[5] ? Peut-on oublier le prologue de l'*Éthique à Nicomaque*, qui déclare sans ambiguïté : « C'est pourquoi le jeune homme n'est pas un auditeur approprié à la politique, car il n'a pas l'expérience des actions qui jalonnent la vie. Or c'est à cela que s'adossent et sur cela que portent nos discours[6] ? » Quoi qu'il en soit, le constat s'impose d'un Aristote qui, de Philippe à Hermias et d'Hermias à Alexandre, que ce soit à Athènes, à Assos, ou à Pella, hante les allées du pouvoir. Tout comme s'impose, dès l'antiquité, l'image d'un Aristote écrivant pour celui qui gouverne, ou lui offrant ses conseils. Image qui préfigure et, à sa façon, confirme la thèse de R. Bodéüs pour qui les *Éthiques* et la *Politique* étaient prioritairement destinées au véritable politique et au bon législateur, ce qui d'ailleurs est tout un[7]. Que l'un de ces traités réels ou

4. Ces traités sont mentionnés dans le Catalogue de Diogène Laërce (v, 22) sous les n°s 17-18, dans celui d'Hésychius (n°s 16 et 22) ainsi que chez Cicéron (*Epistulae ad Atticum*, XII, 40 ; XIII, 28), dans la *Vita Marciana* (21) et dans la *Vita Latina* (21).

5. J. Barnes, « Life and Work », *in* J. Barnes (ed.), *The Cambridge Companion to Aristotle*, Cambridge University Press, 1995, p. 5.

6. *Éth. Nic.*, I, 1, 1095 a 2-4. Je suis la traduction de R. Bodéüs (1982), p. 184.

7. Sur ces sujets, il faut lire Bodéüs (1982), et plus particulièrement les pages 118-125.

imaginaires ait les colonies[8] pour objet n'est pas indifférent puisque nous sommes là en présence de ce « cas privilégié [...] où tout l'édifice politique est à construire »[9], et où, par conséquent, l'enseignement du philosophe pourrait sembler le plus utile.

Vers 335-334, Aristote revient à Athènes. Il y fonde le Lycée, ainsi nommé par ce qu'il se situait dans un gymnase voisin du temple d'Apollon Lycien. D'après certaines sources, les matinées auraient été consacrées à des discussions philosophiques se déroulant dans le « promenoir » *(péripatos)* où le maître et ses disciples déambulaient *(péripateîn)*. De là viendrait l'appellation de « péripatéticiens » *(péripatetikoi)* par laquelle on désignait les élèves d'Aristote[10]. C'est l'après-midi, en revanche, qu'aurait eu lieu l'enseignement proprement dit.

En 323, meurt Alexandre le Grand. Un très fort parti anti-macédonien se manifeste alors à Athènes, qui intente aussitôt un procès d'impiété à Aristote. Se souvenant de la condamnation et de la mort de Socrate, Aristote fuit à Chalcis, en Eubée, patrie de sa mère, pour éviter aux Athéniens de « pécher une fois de plus contre la philosophie ». Tels sont du moins les propos que lui prête Élien dans ses *Histoires variées* (III, 36). Il y meurt en 322.

8. Il faut se garder de confondre les « colonies » grecques avec nos modernes colonies, où le territoire colonisé par une nation étrangère est tenu par cette dernière dans un état de totale dépendance politique, économique et culturelle. La colonie grecque, en revanche, si elle garde des liens étroits – essentiellement religieux – avec la métropole fondatrice, est une cité à part entière, politiquement indépendante, où le système législatif peut être, selon le mot de R. Bodéüs ([1991], p. 66), « institué à neuf ».

9 R. Bodéüs (1982), p. 222.

10 Sur tout ceci, voir le *corpus* rassemblé par I. Düring (1957), pp. 404-411.

2. *Les œuvres*

Le *corpus* aristotélicien présente deux particularités dont toute lecture doit tenir compte : il est incomplet et les ouvrages dont nous disposons n'étaient, semble-t-il, pas destinés à publication.

Nous possédons trois catalogues des œuvres d'Aristote : l'un de Diogène Laërce (IIIe s. ap. J.-C.), comptant 146 numéros ; le second d'Hésychius de Milet (VIe s. ap. J.-C.), qui en comporte 197 ; et le troisième, de Ptolémée, en qui I. Düring voit un néoplatonicien d'Alexandrie, influencé par – ou ayant appartenu à – l'école de Jamblique (IVe s. ap. J.-C.)[11]. C'est le moins incomplet, puisque y figure la quasi-totalité des ouvrages qui nous sont parvenus, le catalogue de Diogène Laërce, par exemple, omettant le traité *De l'âme*, les *Parties des animaux*, et la *Génération des animaux*. Par ailleurs on n'y trouve qu'une version tronquée des *Éthiques*, tandis que la *Métaphysique* n'y est pas représentée en tant que telle[12]. Il n'en demeure pas moins que nous sommes loin de l'évaluation à mille livres d'Andronicos de Rhodes, le premier « éditeur » d'Aristote : cinq cent cinquante livres environ pour quatre-vingt-dix-neuf ouvrages cités[13]. Or, en comptant les pseudépigraphes, le lecteur moderne ne peut accéder

11. Ces trois catalogues figurent dans DÜRING (1957), respectivement aux pages 41-50, 83-89, 221-231, ainsi que dans la traduction Oxford des œuvres d'Aristote (J. BARNES [ed.], *The Complete Works of Aristotle*, The Revised Oxford Translation [ci-dessous : *Oxford Translation*], 2 vol, Bollingen Series LXXI, 2, Princeton University Press, 1995, vol. 2, pp. 2386-2388). Le catalogue d'Hésychius était autrefois désigné sous le nom d'*anonyme de Ménage*. Quant à celui de Ptolémée, il nous a été transmis par Ibn Abi Usaibi'a, section L de l'*'Uyun al-anba' fi tabaqat al-atibba*.

12. Sur tout ceci, *cf.* HAMELIN (1931), pp. 13-16 ; ROBIN (1944), p. 10 ; BARNES (1995), p. 9.

13 Il faut savoir qu'un « livre » est un petit traité ou chaque subdivision d'un grand ouvrage. Pour donner un ordre de grandeur, l'*Éthique à Nicomaque* compte dix livres et la *Métaphysique* quatorze.

qu'à cent soixante-trois d'entre eux. Voilà qui justifie que l'on ait pu parler, à propos du *corpus* aristotélicien, de véritable « naufrage »[14].

De surcroît, les livres – au sens moderne du terme – que nous lisons ne sont précisément pas d'Aristote. Non qu'Aristote ne les ait pas rédigés, mais il n'est responsable ni de leur « publication », ni de la forme qu'elle a prise. Pour comprendre ce que cela signifie il faut se souvenir que les commentateurs grecs divisaient les écrits du Stagirite en deux groupes : *syntagmatiques* et *hypomnématiques*. Les écrits du second groupe – notes servant d'aide-mémoire pour celui qui les a rédigées – nous sont inconnus. Quant à ceux du premier groupe, au sens strict les ouvrages « composés » par leur auteur, ils comprennent à la fois les *dialogues* et les écrits dits *acroamatiques*, c'est-à-dire destinés à un auditoire : pour le dire clairement, des « cours » rédigés. Cette seconde distinction en recouvre une autre : les dialogues appartiendraient à la catégorie des textes *exotériques*, c'est-à-dire à destination d'un public extérieur au Lycée, tandis que les cours rédigés s'adresseraient exclusivement aux membres de l'École et seraient, en ce sens, *ésotériques*[15]. Des dialogues, dont les Anciens goûtaient fort les qualités stylistiques, il ne nous reste que des fragments[16]. Les écrits acroamatiques, en revanche, constituent l'essentiel de notre *corpus*.

14. *Cf.* J. Bidez, *Un singulier naufrage littéraire dans l'Antiquité. À la recherche des épaves de l'Aristote perdu*, Bruxelles, Lebègue, 1943.

15. *Cf.* Robin (1944), p. 14 : « [...] Sans que bien entendu, ce terme comporte aucune idée de secret, mais en marque seulement la destination *scolaire* et [leur] fonction d'utilité interne. » Voir également la mise au point de R. Bodéüs (1982), pp. 165-167.

16. Que l'on trouvera dans l'*Oxford Translation*, vol. 2, pp. 2389-2426. Voir également P.-M. Schuhl (dir.), *Aristote. Fragments et témoignages (Cinq œuvres perdues)*, Paris, 1968. Enfin, on lira avec profit l'ouvrage d'E. Bignone, *L'Aristotele perduto e la formazione filosofica di Epicuro*, 2 vol., Florence, 1936. En ce qui concerne le

Quelle qu'en soit la raison[17], la plus probable étant celle du déclin de l'école péripatéticienne, il faut attendre le premier siècle de notre ère pour que ce *corpus* soit, au sens strict du terme, « mis en forme » par Andronicos de Rhodes, le onzième successeur d'Aristote à la tête du Lycée[18]. Porphyre, dans sa *Vie de Plotin* (24), nous donne une idée de la façon dont cette mise en forme fut réalisée : « ayant rassemblé les sujets apparentés dans un même ouvrage *(tas oikeias hupotheseis eis tauton sunagagôn)*, Andronicos a divisé les écrits d'Aristote et de Théophraste en traités *(eis pragmateias)* »[19]. En tout état de cause cette « division » et ce « rassemblement » sous un même titre de « livres » écrits à des périodes différentes de la vie d'Aristote, sans que, bien souvent, l'ordre d'exposition renvoie à l'ordre de composition, engage la responsabilité, si ce n'est du Rhodien, du moins de celui qui, avant lui, en fut l'arti-

jugement porté par les Anciens sur les dialogues, *cf.* Cicéron, *Académiques*, II, 38, 119 ; *Topiques*, I, 3 ; Quintilien, *De l'institution oratoire*, X, 1, 83.

17. Voir, à ce sujet, la rocambolesque histoire racontée par Strabon dans sa *Géographie* (XIII, 1, 54) et par Plutarque dans sa *Vie de Sylla* (26).

18. D'après Ammonius, *In l. De interpr. pr.*, in *Commentaria In Aristotelem Graeca*, éd. de l'Académie de Berlin, 23 vol., 1882-1909 (ci-dessous : *CIAG*), IV 5, p. 5.24, et Elias, *In Cat.*, *CIAG* XVIII, 1, pp. 113.17, 117.22, 107.11. I. Düring (1957), p. 419, y voit une invention.

19. I. Düring (1957), p. 415, traduit différemment : « Ayant rassemblé les traités sur le même sujet dans un seul ouvrage, Andronicus a divisé les écrits d'Aristote et de Théophraste en *pragmaties.* » Alors que dans notre traduction, le *eis pragmateias* désigne les traités constitués en regroupant les « livres » isolés portant sur des sujets semblables (ainsi de la *Métaphysique* où sont regroupés des textes traitant de la Substance [livres Z et H], de l'Un et du Multiple [livre I], de la Puissance et de l'Acte [livre Θ], etc.), la traduction de Düring ne voit là que la première étape, la constitution de « pragmaties » renvoyant selon lui au découpage du *corpus* en domaines d'étude : éthique, physique, métaphysique

san[20]. On ne fait donc que déplacer le problème lorsqu'on soutient que « les huit livres de la *Politique*, dès l'époque de Théophraste, *sinon depuis Aristote lui-même*, n'ont jamais formé qu'un ensemble »[21]. Reste précisément à démontrer qu'*Aristote lui-même* aurait pu constituer cet *ensemble* – ou cautionner sa constitution – et qu'en le constituant – ou en le laissant constituer – il avait pour intention de fixer un ordre de lecture. Si tel n'est pas le cas on ne peut imputer à Aristote lui-même ni la façon dont nous le lisons – l'*ordre de lecture* –, ni les redites et autres contradictions que nous pourrions déceler dans ses écrits, ni même la rudesse de son style[22]. Quelle valeur, en effet, pourrait avoir « le postulat de la responsabilité permanente de l'auteur à l'égard de la totalité de son œuvre »[23] appliqué au *corpus* aristotélicien si cette *œuvre* n'est pas *son* œuvre, si, au sens strict, il n'en est pas l'*auteur* ?

II. La *Politique*

1. L'ordre de lecture

La question se pose, au premier chef, pour la *Politique*. C'est ainsi que, dès le XIVe siècle, Nicolas

20. *Cf.* BODÉÜS (1982), p. 29 : « [...] Avant le travail d'Andronicos, il existait beaucoup plus qu'une mosaïque de *biblia* indépendants. »

21. BODÉÜS (1982), p. 29. C'est moi qui souligne. Notons cependant que, pour R. BODÉÜS ([1982], p. 26), « on est spécialement fondé à croire que ces textes ont été constitués à l'aide de "morceaux" regroupés en "collections", de manière à fonder les "œuvres" que nous lisons ». Et d'ajouter : « Nous restons [...] impuissants à définir toujours, avec précision, la mesure dans laquelle pareils regroupements restent conformes à la pensée du maître ou procèdent, au contraire, d'une idée nouvelle. »

22. *Cf.* BARNES (1995), p. 12 : « reading Aristotle, as the poet Thomas Gray put it, is like eating dried hay ».

23. AUBENQUE (1977), p. 11.

Oresme[24] suggère de lire les livres VII et VIII après le livre III, et le livre VI après le livre IV, aboutissant à la séquence suivante : I, II, III, VII, VIII, IV, VI, V. Il ne saurait être question d'entrer dans le détail des transpositions qui ont, depuis, été proposées. Déjà parce qu'elles nous en apprennent plus sur ceux qui les proposent, et sur leur *représentation* de la philosophie aristotélicienne, que sur Aristote[25]. Ensuite, et surtout, parce que nous sommes condamnés, en ce domaine, à la conjecture. L'attitude la plus raisonnable consiste donc à lire la *Politique* en étant conscient du *problème* et de notre incapacité à lui apporter une *solution* définitive[26]. Car l'un des enseignements de ces diverses tentatives réside dans leur possibilité même : le texte d'Aristote se prête de bonne grâce aux manipulations que les uns et les autres lui ont fait subir, offrant *à chacun* les justifications dont son entreprise avait besoin. Une telle plasticité constitue en soi une réponse pour qui se demanderait par où commencer sa lecture, et comment, c'est-à-dire dans quel *ordre*, la continuer : ces « morceaux » assemblés par d'autres n'obéissent à aucun « ordre des raisons », voulu par leur auteur, déterminant un ordre de

24. Cet ancien élève de Jean Buridan à la faculté des arts de Paris a traduit en français la *Politique*, l'*Économique* et l'*Éthique* d'Aristote. On lui doit également un commentaire du *Traité de l'âme*. Mort en 1382, sa traduction de la *Politique* ne sera publiée à Paris qu'en 1489. *Cf.* le jugement de W. JAEGER (1997), p. 277 *sqq.*, sur les « regroupements plus ou moins violents » initiés par les « humanistes italiens de la Renaissance ».

25. Deux exemples parmi d'autres : Barthélemy Saint-Hilaire veut préserver l'image « du plus systématique et du plus régulièrement logique de tous les philosophes » (*Politique d'Aristote*, Paris, 1837, Appendice à la Préface, p. CLXV), et W. JAEGER « apprécier l'étendue de la distance constamment croissante que prit Aristote par rapport à son point de départ », à savoir Platon ([1997], p. 271).

26. La remarque reste valable pour les incohérences ou les contradictions plus ou moins graves qui affectent la *Politique*. Ainsi par exemple, on distingue cinq espèces de démocratie en IV, 4, 1291 b 31 *sqq*, mais il n'en reste plus que quatre en IV, 6, 1292 b 22 *sqq*.

lecture. Pour le dire de façon volontairement provocatrice, tout ordre est bon puisque aucun ne l'est. Dès lors le lecteur n'a pas à se soucier d'« obéir aux contraintes d'un traité systématique dont toutes les parties s'enchaînent rigoureusement, ce qui précède étant nécessaire à la compréhension de ce qui suit. L'ouvrage, au contraire, peut être abordé, sans grand inconvénient, *par différents bouts*, au gré des intérêts du lecteur. Il se prête même à une *consultation partielle* autant qu'à une étude d'ensemble »[27]. Permettre cette « consultation partielle », voilà à quoi prétendra donc la présente édition.

2. *L'objet de la* Politique

S'interroger sur l'objet de la *Politique* revient à se demander quelle est sa *matière* (de quoi parle-t-elle ?) et quelle est sa *destination* (à qui s'adresse-t-elle et dans quel but ?).

La *matière*, c'est cette sorte de communauté *(koinônia)* qu'est la cité *(polis)*, communauté que, pour cette raison, on nomme « politique ». Il en est d'autres[28] : celle du mâle et de la femelle – en vue de la procréation – et celle du maître et de l'esclave – en vue de leur mutuelle sauvegarde. C'est à partir de ces deux communautés que s'est formée la première *famille (oikia prôtè)*, laquelle est elle-même une « communauté [...] constituée pour la vie de chaque jour » (I, 2, 1252 b 12-14). Lorsqu'il s'agit de répondre aux besoins « qui débordent la vie quotidienne » (b 15-16), on franchit la seconde étape : la constitution de la première communauté *(koinônia prôtè)* composée de plusieurs familles, à savoir le *village (kômè)*. La fin, c'est-à-dire la nature[29], de la

27. Bodéüs (1996), p. 10. C'est moi qui souligne.

28. L'*Éthique à Nicomaque* (VIII, 11) en mentionne d'autres, mais fait remarquer qu'elles « ne sont, pour ainsi dire, que des fractions de la communauté politique » (1160 a 8-9).

29. *Cf.* 1252 b 32-34 : « [...] la nature *(phusis)* d'une chose, c'est sa fin *(telos)* ; ce qu'est chaque chose, une fois sa croissance achevée,

famille comme du village est donc, pourrait-on dire, « économique » : mise en commun des biens, de leurs moyens d'acquisition, de production, de conservation. Le *vivre ensemble* est ici subordonné au *vivre* puisqu'il s'agit avant tout de satisfaire les nécessités vitales en les inscrivant dans un temps qui ne soit pas simplement celui de la satisfaction – ou de l'insatisfaction – immédiate.

Avec la cité, cette communauté de villages, on entre dans une temporalité autre[30], celle de la « vie tout entière » et non plus du « moment présent ». On accède, par conséquent, à une indépendance économique qui n'est plus marquée par la précarité propre à l'administration familiale ou villageoise : la cité est *autarcique*, elle se suffit absolument. Dès lors, le nécessaire étant assuré – ce pourquoi la cité s'est formée –, il est possible de rechercher, et d'atteindre, une autre forme d'autosuffisance *(autarkeia)*, celle qui « rend la vie désirable et exempte de tout manque »[31]. Il ne s'agit plus là de simplement *vivre*, mais de *bien vivre (eû zèn)*, de *bien agir (eû prattein)*, d'*être heureux (eudaimoneîn)*, ce qui, dans la terminologie aristotélicienne, est tout un : voilà à quoi tend la politique, et pourquoi la cité existe[32].

c'est cela que nous appelons la nature de chaque chose, par exemple d'un homme, d'un cheval, d'une famille ».

30. Ce que montre l'intervention « historique » de l'homme, en position de « *premier* inventeur », dans la constitution de la cité (*Pol.*, I, 2, 1253 a 30), alors qu'auparavant la *première* famille et le *premier* village *se* constituent au terme d'un processus qui tient plus de la génération spontanée que de l'institution d'une communauté politique. Que cet avènement de la cité soit lié à la capacité toute humaine de prendre l'avenir en considération, c'est ce que montre l'analyse de J.-L. Labarrière (1986), surtout pp. 39-46. Sur la genèse de la cité, *cf.* Vergnières (1995), p. 155.

31. *Éth. Nic.*, I, 5, 1097 b 14-15. Sur cette *autarcie* qui n'est pas seulement économique, « mais s'applique aussi bien à la perfection du sage ou même de Dieu », *cf.* P. Aubenque, « Politique et éthique chez Aristote », *in* « Autour de la Politique d'Aristote », pp. 211-221, surtout pp. 212-214. Voir également Goldschmidt (1984), avec les réserves de Vergnières (1995), pp. 151-154.

32. Cf. *Éth. Nic.*, I, 2, 1095 a 18-20.

Comprenons que les biens matériels, s'ils contribuent au bonheur *(eudaimonia)*, ne doivent pas être recherchés pour eux-mêmes. Ils ne sont, au mieux, que des moyens, des instruments au service d'une fin autre. Comme dans la famille, c'est-à-dire à un niveau strictement économique et non pas encore politique, ils permettent d'atteindre le *bien être (eû eînai)*[33] ; en aucun cas le *bien vivre*. Ils enferment en effet ceux qui sont voués à leur production, tout comme d'ailleurs ceux qui s'efforcent de les acquérir, dans le domaine de la nécessité. Aussi bien est-ce pour cela que le sort du travailleur salarié, cet esclave « à temps partiel », est, d'une certaine façon, pire que celui de l'esclave naturel : si la condition du second est conforme à sa nature, il n'en va pas de même pour le premier[34]. Non naturelle, également, et ne réalisant pas la justice, l'activité qui « [...] tire [...] son profit du travail de l'homme, qu'il soit volontaire, comme dans le cas du commerce de détail et des métiers salariés, ou forcé, comme dans toutes les tâches dépendant de la guerre »[35]. Il n'est en effet ni « juste », ni « conforme à la nature » d'imposer, ou d'exercer, « une activité asservissante » qui, en tant que telle, dispose l'âme non à l'excellence mais à la servilité[36]. Voilà pourquoi, dans la cité régie par la constitution la meilleure, ceux qui mènent une existence ouvrière ou mercantile ne sauraient être citoyens[37]. Les paysans sont frappés de la même exclusion car, bien que l'agriculture soit, quant à

33. *Écon.*, I, 3, 1343 b 19-20.

34. *Pol.*, I, 13, 1260 a 39 - b 2.

35. *Écon.*, I, 2, 1343 a 29-30 (trad. J. Tricot légèrement modifiée).

36. *Cf.* l'analyse de S. Vergnières (1995), pp. 176-182, à laquelle ces lignes doivent beaucoup.

37. *Pol.*, VII, 9, 1328 b 39-40. Il ne faut pas limiter cette exclusion à ceux qui, comme on dit, « louent leur force de travail » : ceux qui tirent profit de cet état de chose sont aussi concernés, ainsi qu'en témoigne le passage des *Économiques* ci-dessus cité. C'est le *mode de vie* qui est ici visé – le texte parle d'ailleurs de *bios banausos* et de *bios agoraîos* – et non un *métier* en tant que tel.

elle, « juste » et « conforme à la nature », bien qu'elle développe, chez ceux qui s'y adonnent, des qualités sur lesquelles insistent les *Économiques*[38], elle les confine néanmoins dans la satisfaction de ces nécessités vitales qui ôte tout loisir, et donc toute possibilité de participer véritablement à la vie politique.

Tout autre est la vie heureuse, qui suppose les besoins assouvis. L'homme, nous dit-on, est par nature un « animal politique » *(zoiôn politikon)* qui, hors cité, perdrait précisément son humanité : bête, ou dieu[39]. Pour le dire autrement, la cité est ce qui lui permet d'actualiser sa nature, cette actualisation passant d'abord par le *parler ensemble*. Car tel est le propre *(idion)* de l'homme : dépasser la simple profération du plaisir et de la douleur par la voix *(phônè)* « pour exprimer l'utile et le nuisible et par suite aussi le juste et l'injuste » au moyen du discours *(logos)*[40]. On assiste alors à la mise en commun des évaluations dont ce discours est porteur, en quoi consiste en premier lieu la famille et la cité.

38. *Écon.*, I, 2, 1343 b : l'agriculture « contribue à fortifier le caractère, […] donne [au corps] la force de supporter la vie en plein air et de travailler durement ; […] le rend apte à affronter les dangers à la guerre ».

39. *Cf.* WOLFF (1991), p. 58 : « Nul n'*est* pleinement s'il manque de quelque chose, s'il n'est *pleinement*. Un homme seul est “en manque”. Il ne peut pas être. Il manque des autres parce qu'il manque de tout. […] La communauté politique étant celle qui ne manque de rien, est la seule à *être* pleinement. C'est donc par elle seule que l'homme est pleinement ; c'est dans et par la cité que l'homme est homme ».

40. *Pol.*, I, 2, 1253 a 10-18. Sur ces rapports entre le *logos* et la politique, *cf.* R. BÜBNER, « Langage et politique », pp. 351-365, et B. CASSIN, « *Logos* et politique. Politique, rhétorique et sophistique chez Aristote », pp. 367-398, dans *Aristote politique*. Voir également, de B. CASSIN, *Aristote et le logos*, Paris, PUF, 1997. Qu'il ne faille pas confondre l'utile *(to sumpheron)* avec l'utilitaire *(to chrèsimon)*, le premier appartenant à la sphère éthico-politique et le second à la sphère des besoins, c'est ce que montre J.-L. LABARRIÈRE (1986), pp. 40-46.

Encore n'est-ce pas tout : ce *parler ensemble* doit déboucher sur du *délibérer* et de l'*agir ensemble*[41]. Il appartiendra donc de surcroît au discours d'amener les citoyens à tomber d'accord au sujet de ce qui leur est utile *(péri tôn sumpherontôn homognômoneîn)*, à prendre les mêmes décisions *(tauta proaireisthai)*, et à exécuter les résolutions prises en commun *(pratteîn ta koinê doxanta)*[42] C'est dans cette triple activité accomplie en commun que réside le *bien vivre* qui tout à la fois exprime l'essence de la cité et permet à l'homme de réaliser sa nature. Car c'est dans ce *parler*, ce *délibérer* et cet *agir ensemble* que consiste le *bios*, le genre de vie, proprement humain[43]. Lui préférer une vie de jouissance, c'est choisir de vivre une vie de bestiaux *(boskèmatôn bion)* ; quant à consacrer son existence à l'acquisition de richesses, c'est tout simplement une vie contre nature[44]. Là n'est pas le bonheur, mais dans le plein épanouissement de soi que garantit pour chacun l'organisation *(taxis)* d'une constitution excellente *(aristè politeia)*[45]. La cité apparaît donc comme un indépassable[46].

Reste à savoir quels moyens il faut mettre en œuvre

41. En quoi consiste l'*homonoia*, cette « amitié dans le cadre de la cité » *(politikè philia)*, comme traduit B. Cassin ([1992), p. 137] qui constitue le « ressort principal » de la communauté politique : *cf.* Vergnières (1995), p. 159.

42. *Éth. Nic.*, IX, 6, 1167 a 26-28. On aura sans doute reconnu dans ces « résolutions prises en commun » la formule initiale des décrets : *edoxe tê boulê* ou *tô dêmô*, « il a été décidé par le conseil... », ou « il a été décidé par le peuple... », qui constituent l'issue de tout discours délibératif réussi.

43. Un genre de vie qui lui permette de manifester son excellence *(aretê)* propre, ce qui le rend bon. Et c'est l'exercice de cette excellence qui le rend de surcroît heureux.

44. *Éth. Nic.*, I, 3, 1095 b 19-22 et 1096 a 5-10.

45. *Pol.*, VII, 2, 1324 a 23-25.

46. Il faut se rappeler que dès les premières lignes du livre I de la *Politique* (I, 1252 a 5-6), la cité apparaît comme ce qui inclut *toutes* les autres formes de communauté. En d'autres termes, au-delà de la cité il ne saurait y avoir de communauté politique.

pour réaliser cette « organisation d'une constitution excellente », et qui devra les mettre en œuvre.

Tout comme la vie en cité constitue le mode de vie [*bios*] propre à l'homme, la *politeia* constitue le mode de vie, le *bios* de la cité[47]. Mais, de même qu'il y a différentes façons, pour un homme, de vivre en cité, une cité peut vivre sa vie de cité d'au moins deux manières différentes : soit en visant l'utilité publique, soit en visant le seul intérêt des gouvernants. Au premier « mode de vie » – à la première *politeia* – correspondent les constitutions *(politeiai)* droites, à savoir la royauté, l'aristocratie et la *politie (politeia)*[48] ; au second, les constitutions *(politeiai)* déviées, à savoir la tyrannie, l'oligarchie et la démocratie (= *définition en extension*)[49]. Les unes et les autres n'étant presque jamais historiquement réalisées dans toute leur pureté, on les considérera comme des *types* constitutionnels. Droites ou déviées, cependant, elles répondent toutes à la même définition *(en compréhension)* : « une constitution *(politeia)* est une organisation des charges dans les cités, la façon dont elles sont réparties, la nature de l'autorité souveraine dans le régime *(politeia)* concerné, et la nature de la fin de chaque communauté »[50]. Chaque *régime* particulier est, en effet, le produit de la combinaison, pour chacune des parties *(moria)* constitutives de toute constitution – ce que P. Pellegrin appelle les « parties bouleutique, archique, dicastique » – des types constitutionnels et de « paramètres variables » énumérés par Aristote au livre IV, 15, 1299 a 5-12 de la *Politique* : nombre et compétence des magistratures, durée de chacune, fréquence de leur exercice, origine et mode de désignation des can-

47. *Pol.*, IV, 11, 1295 b 1.
48. Sur ce type constitutionnel qu'est la *politie*, *Pol.*, IV, 8-9.
49. *Pol.*, III, 6, 1279 a 17-20 et IV, 2, 1289 a 26-30.
50. *Pol.*, IV, 1, 1289 a 15-18.

didats[51]. On l'aura compris, il n'est pas que l'être qui puisse se dire en plusieurs sens !

<table>
<tr><td colspan="2">POLITEIA</td></tr>
<tr><td>mode de vie 1
(utilité publique)</td><td>mode de vie 2
(intérêt des gouvernants)</td></tr>
<tr><td colspan="2">définition en extension</td></tr>
<tr><td><u>constitutions droites</u>
royauté
aristocratie
politie</td><td><u>constitutions déviées</u>
tyrannie
oligarchie
démocratie</td></tr>
<tr><td colspan="2">définition en compréhension

* organisation et répartition des magistratures
(assemblées, autorité souveraine, tribunaux)
* exercice de l'autorité souveraine
* fin de la communauté
⇓
chaque régime particulier</td></tr>
</table>

Ceci étant précisé, en quoi consistera cette « constitution excellente » qu'il s'agit de réaliser ? Tout dépen-

51. Il faut lire, à ce sujet les lignes que consacre P. PELLEGRIN (« Naturalité, excellence, diversité. Politique et biologie chez Aristote », *Aristoles « Politik »*, pp. 142-151) à ce qu'il appelle une « moriologie politique ». Sur l'existence de ces *combinaisons*, voir *Pol.*, VI, 1, 1317 a 3-10.

dra des circonstances[52]. La tâche, en effet, ne sera pas la même lors de la fondation d'une cité où le législateur, ayant à faire du neuf, pourra le faire « selon ses vœux » *(kat' euchèn)* ; lors d'un changement de *type* constitutionnel, le nomothète devant cette fois, après avoir conclu à l'inadéquation d'un type donné (royal, aristocratique, oligarchique...) à telle ou telle collectivité, discerner celui qui lui conviendrait le mieux ; ou, enfin, lors de la réforme d'un *régime* dans le cadre d'un type constitutionnel qu'il devra respecter[53]. La tâche ne sera pas la même, mais le but, quant à lui, reste identique : il faut « réaliser *partout* cette constitution la meilleure »[54]. Je crois en effet, avec Pierre Pellegrin, que tel est bien le but qu'Aristote assigne au législateur. De fait, la phrase qui est le plus souvent citée – en tant qu'elle mettrait en évidence le « réalisme » aristotélicien par opposition à l'« idéalisme » des platoniciens – ne dit précisément pas

52. Je suivrai ici l'analyse tout à fait convaincante que fait P. PELLEGRIN de *Pol.*, IV, 1, 1288 b 10-35, *in* « La *Politique* d'Aristote : unité et fractures. Éloge de la lecture sommaire », *Aristote politique*, pp. 3-34.

53. Il ne s'agit pas tant, me semble-t-il, de « remplacer une forme déviée par *la forme droite correspondante* » (PELLEGRIN, dans *Aristote politique*, pp. 14-15) que de donner à la forme déviée la *semblance* de la forme droite (notons, à ce sujet, trois occurrences du verbe *dokô* [1314 a 39, 40, b 7] et quatre occurrences du verbe *phainomai* [1314 b 15, 18, 1315 a 21, 1315 b 1] pour décrire l'*image* que le tyran doit donner de lui-même à ses sujets). Ainsi lit-on en *Pol.*, V, 11, 1314 a 39 - b 1 que le « tyran doit agir, ou sembler *(dokeîn)* agir en jouant bien le rôle *(hupokrinomenon)* d'un roi », tout en conservant la puissance de « gouverner avec le consentement des sujets, mais même sans ce consentement : renoncer à cela, c'est renoncer à la tyrannie ». Or, précisément, le tyran *ne renonce pas* à la tyrannie : il cherche simplement à la rendre plus durable. Mais, comme c'est l'exercice de la vertu qui nous rend vertueux, à *mimer* l'homme de bien, le tyran deviendra « bon à demi », et de méchant qu'il était « méchant à demi » (1315 b 9-10).

54. PELLEGRIN, dans *Aristote politique*, p. 17 pour la citation, et également la page précédente pour la démonstration.

ce qu'on lui fait dire. « On doit, en effet, examiner non seulement le régime politique le meilleur, mais encore celui qui est simplement possible, et pareillement celui qui est plus facile d'application et plus communément accessible pour tout État », traduit, par exemple, J. Aubonnet dans la Collection des Universités de France[55]. Ce qu'Aristote reproche à ses prédécesseurs, c'est de limiter *(monon)* leur étude théorique *(theôrein)* à la constitution la meilleure *(aristè)*, sans y adjoindre une réflexion sur ses conditions d'applicabilité : si tout se passe bien, peut-être pourra-t-on l'instaurer lors de la fondation d'une nouvelle cité. Mais tel n'est pas le cas le plus fréquent, ou le plus difficile. Il faut donc se préoccuper aussi *(alla kai)* de celle qui est possible *(dunatè)* et également plus accessible *(raiôn)* et plus commune *(koinotera)* pour toutes les cités. « De celle qui est possible » et non « de celle qui est *simplement* possible » : l'adverbe n'est pas dans le texte ; il n'est que dans la lecture qu'en fait J. Aubonnet, lecture selon laquelle, pour être *possible*, une constitution devrait cesser d'être *la meilleure*. Or, P. Pellegrin a raison de le faire remarquer, « Aristote n'abolit pas le "non seulement" avec le "mais aussi"[56] », il le complète : le philosophe qui prétend se soucier de politique *ne* doit pas *seulement* œuvrer pour le fondateur de cités, *mais* il doit *aussi* tenir compte des différentes circonstances dans lesquelles ce dernier aura à réaliser l'*aristè politeia*. Ce qui nous amène à aborder la question de la destination de la *Politique*.

On l'a écrit, « les traités politiques d'Aristote » seraient « destinés à la formation du nomothète »[57]. Est-ce à dire, compte tenu de ce qui précède, que le philosophe doit proposer au législateur des « modèles » que ce dernier n'aurait qu'à appliquer dans la réalité concrète au moment où il agit ? Ce serait ignorer ce qui

55. *Pol.*, IV, 1, 1288 b 37-39.

56. PELLEGRIN, dans *Aristote politique*, p. 16.

57. PELLEGRIN, dans *Aristoteles « Politik »*, p. 125.

sépare le *theôrein* du *prattein*, l'intelligence spéculative de l'intelligence pratique, la philosophie de la politique : le législateur n'apprendra pas *(matheîn)* à gouverner en écoutant le philosophe, mais en étant gouverné[58]. En d'autres termes, il devra avoir été « aux affaires », avoir acquis en ce domaine une expérience *(empeiria)* sans laquelle le discours du philosophe resterait pour lui lettre morte : il ne le comprendrait pas et il serait incapable de « traduire adéquatement [ses] propositions dans la réalité (sous forme de lois ou de préceptes) »[59]. Car c'est au nomothète d'opérer cette « traduction » : il n'appartient pas au philosophe de proposer, dans le détail, un système de lois. Comment le pourrait-il, lui qui n'a rapport qu'au général et non à des lieux, des temps et des hommes particuliers ? Parallèlement, le philosophe doit accepter que ses analyses ne soient que des instruments entre les mains du législateur, lui permettant « de bien délibérer »[60], c'est-à-dire de bien choisir les moyens grâce auxquels il atteindra *la fin qu'il s'est lui-même fixée* : « un politique [ne se demande pas] s'il fera une bonne législation *(eunomia)* »[61], mais une fois qu''il a posé cette fin, il « examine comment et par quels moyens elle se réalisera »[62]. Autrement dit, si la « moriologie politique »[63] élaborée par Aristote permet

58. *Pol.*, III, 4, 1277 b 9-10.

59. BODÉÜS (1982), p. 132 (pour la citation) et, plus généralement, pp. 114-132. Cf. *Éth. Nic.*, X, 10, 1181 a 9-12.

60. BODÉÜS (1991), p. 66.

61. Qui, précisément, constitue la fin de la politique : *Éth. Eud.*, I, 5, 1216 b 18.

62. *Éth. Nic.*, III, 5, 1112 b 11-16. *Cf.* BODÉÜS (1991), pp. 64-65 : « Selon Aristote [...] *seul le politique connaît la fin*, c'est-à-dire le *bien pratique* qui sera le bien pour lui-même et ses concitoyens. [...] Le législateur se demande quelle disposition légale permettra d'atteindre le bien *tel qu'il le voit* ou, si l'on préfère, quelle sera la bonne loi dans les circonstances qui exigent sa législation » (c'est moi qui souligne).

63. Voir *supra*, note 49.

bien « une reconstruction *a priori* des diverses formes [...] constitutionnelles »[64], et dote par conséquent le législateur d'un instrument théorique des plus utiles pour penser l'indétermination, la relativité, l'irréductible diversité des choses humaines, c'est à lui, et à lui seul, qu'il reviendra d'intervenir concrètement sur la réalité politique en tenant compte des contingences historiques auxquelles il est confronté, et de faire varier les éléments de cette « combinatoire moriologique » que le philosophe aura mis à sa disposition.

3. Le livre II : un autre départ pour la Politique

Tel est, du moins, ce qu'affirme la phrase conclusive du livre I, 13, 1260 b 22-24 : « [...] continuons notre étude en prenant un autre point de départ *(allè archè)* : examinons d'abord *(prôton)* les déclarations *(ta apophenamena)* concernant la constitution excellente ». Si cette annonce programmatique peut être mise en relation avec la première partie du livre II[65] – l'examen des *politeiai* « sur lesquelles certains se sont exprimés et qui ont la réputation d'être réussies » – elle laisse dans l'ombre, en revanche, tout ce qui regarde l'examen des « cités dont on dit qu'elles sont régies par de bonnes lois », à savoir Sparte (9), la Crète (10) et Carthage (11). On a voulu voir là une de ces formules de transition, plus ou moins réussies, rajoutée après coup par Aristote ou par son éditeur posthume pour articuler l'un à l'autre les livres I et II[66]. Qu'un tel souci aille de pair avec une telle négligence ne trouble apparemment personne : il suffit pourtant, me semble-t-il, d'accepter l'idée qu'Aristote – ou son éditeur posthume – n'avait pas l'intention de proposer un sommaire complet du livre II, mais tout simplement d'annoncer sur quoi il s'ouvrirait : « Examinons

64. PELLEGRIN, dans *Aristotles « Politik »*, p. 58.
65. Sans oublier, si ce n'est tout, du moins partie du dernier paragraphe d'*Éth. Nic.*, X, 10, 1181 b 15-17.
66. *Cf.* BERTELLI (1977), p. 6 avec la bibliographie sur la question.

d'abord *(prôton)*... » Il y a dans ce cas totale correspondance avec le plan du livre II, et cela indépendamment de la présentation inversée qui en est donnée en I, 1260 b 29-32.

Quoi qu'il en soit, il importe davantage de comprendre pourquoi Aristote adjoint une analyse des *politeiai* réellement existantes à ce qui, dès Proclus et de l'aveu de tous[67], apparaît comme un exposé doxographique semblable à ceux que l'on trouve à l'orée d'autres traités aristotéliciens[68]. Faut-il tenter de distinguer ici deux strates, témoignant de deux moments dans l'évolution de la pensée d'Aristote ? La première (chapitres 1 à 8), consacrée au passage en revue et à la critique des « utopies » de ses prédécesseurs, renverrait au « dessein primitif » du Stagirite – dessein hérité de Platon – et servirait d'introduction « à un examen de l'État idéal »[69]. La seconde (chapitres 9 à 11) serait une manifestation de son réalisme politique : un travail – à situer dans la lignée des *Constitutions* – consistant à analyser le matériau documentaire préalablement collecté[70]. Ce serait, sans nul doute, affronter l'un de ces problèmes dont je rappelais précédemment qu'ils étaient destinés à demeurer sans solution. Lucio Bertelli préfère, pour sa part, faire remarquer qu'« il n'y a aucune opposition essentielle entre *politeiai* "historiques" et "théoriques" dans la mesure où, d'un point de vue méthodologique, les unes comme les autres entrent dans la catégorie des *phainomena*, des faits perçus dont doit s'occuper la

67. PROCLUS, *Commentaire sur la République*, traduction et notes par A.-J. Festugière, tome III, Dissertations XV-XVII (*Rép.*, X), Paris, Vrin, 1970 : XVIIe dissertation, 361, 5-7.

68. *Cf.*, par exemple, *De An.*, I, 2-5 ; *Mét.*, I, 3-10 ; *Phys.*, I, 2-6. Le livre I de la *Politique* jouerait donc, par rapport au livre II, le même rôle que les chapitres 1 du *De An.*, et de la *Phys.*, ou des chapitres 1 et 2 de la *Mét.*, par rapport à ceux qui les suivent immédiatement.

69. JAEGER (1997), p. 279.

70. AUBENQUE, dans *La « Politique » d'Aristote*, p. 101.

recherche »[71]. Encore n'est-ce pas tout. En soumettant les unes et les autres au même examen, Aristote se propose d'étudier *(theôrein)* le général et le particulier *du point de vue du philosophe*. Le général : la constitution universellement la meilleure – c'est-à-dire abstraction faite de son contexte concret d'application – conçue par quelqu'un qui, à la façon d'Hippodamos de Milet, n'a jamais été aux affaires[72] ; le particulier : tel ou tel régime – historiquement attesté – comparé, jusque dans son détail législatif et constitutionnel, à son « principe de base » *(hupothesis)* proclamé[73]. Non pour légiférer ou gouverner lui-même – la vie du philosophe est, on le sait, « libérée de tous les soucis extérieurs » et distincte, pour cette raison même, de la vie politique[74] – mais pour éclairer le législateur. Comment ? En affranchissant celui qui est en charge des affaires d'une cité de ce que R. Bodéüs appelle un « double mirage » : mirage de l'innovation et mirage de l'imitation[75]. Le premier a pour lui l'autorité des grands noms de la philosophie et de la politique, mais y céder ce serait manquer de sens historique, ce serait oublier qu'« on a presque tout découvert » : tout au long des « nombreuses années » qui se sont écoulées, aucune disposition importante et vraiment utile « ne serait demeurée inconnue » ; connue, elle ne serait pas restée inutilisée[76]. Il faut donc dépouiller de leur prestige ces « innovations » qui, au mieux, ne sont pas réellement neuves et, au pire, sont inutilisables. Le second s'autorise d'une représentation largement partagée. Nous entrons là, par conséquent dans le champ de

71. Bertelli (1977), p. 21.

72. *Pol.*, II, 12, 1273 b 28-29.

73. L'enrichissement, pour l'oligarchie, et les honneurs, pour l'aristocratie (*Pol.*, II, 11, 1273 a 25-27) ; la liberté, pour la démocratie (*Pol.*,VI, 2, 1317 a 40-42).

74. *Pol.*, VII, 2, 1324 a 27-32.

75. R. Bodéüs (1996), p. 24.

76. *Pol*,. II, 5, 1264 a 1-5.

l'« endoxal ». Or Aristote, plus que tout autre, est conscient du poids et du caractère contraignant des « idées admises » *(endoxa)* « par tous les hommes, ou par presque tous, ou par ceux qui représentent l'opinion éclairée »[77]. Dès lors, comment conviendra-t-il de procéder ? Faudra-t-il mettre en évidence tout ce qui sépare les régimes lacédémonien, crétois et carthaginois de l'organisation constitutionnelle la meilleure *aux yeux d'Aristote* ? Il y a fort à parier que le législateur laconien, ou laconisant, ne le suivra pas sur ce terrain[78]. De fait, bien que II, 9 s'ouvre sur l'annonce de cette analyse – y a-t-il « quelque chose de bon ou de mauvais en vue de l'institution du système le meilleur » ? –, elle ne sera véritablement menée qu'en VII, 14, 1333 b 5 *sqq.* Bien plus expédient sera l'examen de la deuxième question – y a-t-il « quelque chose qui soit contraire au principe de base *(hupothesis)* et au caractère du régime tel qu'ils le proposent » ? En d'autres termes, quels sont les lacunes et les défauts des lois en vigueur, lacunes et défauts qui « risque[nt] de porter atteinte au but visé et de dénaturer ainsi le régime voulu par le législateur »[79]. Il n'est plus question, on l'aura remarqué, de statuer sur la valeur d'un tel régime, mais de s'interroger sur l'adéquation des moyens choisis à la fin poursuivie. On n'y gagnera pas seulement d'inciter, peut-être, les législa-

77. *Top.*, I, 10, 104 a 8-10. *Cf.* l'Introduction aux *Topiques* de J. BRUNSCHWIG, dans la Collection des Université de France, p. XXXV : « Comme telles, elles sont impossibles à repousser pour tout membre du groupe humain dans lequel elles ou leurs garants ont autorité, sauf à s'attirer de la part de ce groupe, ou de ses représentants qualifiés, la sanction du scandale ou celle du ridicule. »

78. Le régime crétois passe pour un proche voisin du régime lacédémonien qui, sur la plupart des points n'en est que la copie (10, 1271 b 20-24) ; du régime carthaginois, également, Aristote dira qu'il est voisin des deux précédents et, avec eux, fort différents des autres (11, 1272 b 26-29).

79. BODÉÜS (1991), p. 67. Il s'agit là de ce que R. BODÉÜS appelle, ailleurs ([1991], p. 31), la « constitutionnalité des lois ».

teurs lacédémonien, crétois, ou carthaginois, à prendre les dispositions qui s'imposent pour redresser leur propre système législatif, et assurer ainsi sa pérennité : on donnera naissance à une *imitation éclairée* permettant à quiconque, en charge des affaires de sa cité, tout à la fois de conserver ce qui mérite de l'être, et de remédier aux imperfections mises en lumière par le philosophe. C'en sera fini d'une reproduction à l'aveugle de modèles à la réputation desquels le nomothète ne pouvait, jusque là, que se fier. Le livre II de la *Politique* ne doit donc pas être considéré comme une pure et simple introduction doxographique à la suite du traité, une « propédeutique » aux théories politiques d'Aristote. Il participe, à sa manière, au projet de l'ensemble : offrir au législateur les instruments de sa délibération.

Plan du livre II de la *Politique*

I. Les innovations constitutionnelles proposées par les théoriciens de la politique (chapitres 1 à 8)

chapitre 1 : position de la question
– Énoncé du programme du livre II
– Qu'est-ce qui est commun dans une communauté politique ?

chapitres 2-6 : les innovations proposées par Platon
* Dans la *République* (2-5)
– La communauté des femmes et des enfants (2-4)
– La communauté des biens (5)
* Dans les *Lois* (6)

chapitres 7-8 : les innovations proposées par d'autres théoriciens
* Phaléas de Chalcédoine (7)
* Hippodamos de Milet (8)

II. Les régimes des cités ayant la réputation d'avoir un bon système législatif (chapitres 9 à 12)

chapitre 9 : le régime lacédémonien
chapitre 10 : le régime crétois
chapitre 11 : le régime carthaginois
chapitre 12 : législateurs et constituants célèbres

POLITIQUE

B

I 1 [1260 b 27] Ἐπεὶ δὲ προαιρούμεθα θεωρῆσαι περὶ τῆς κοινωνίας τῆς πολιτικῆς τίς κρατίστη πασῶν τοῖς δυναμένοις ζῆν ὅτι μάλιστα κατ᾽ εὐχήν, δεῖ καὶ τὰς ἄλλας ἐπισκέψασθαι πολιτείας, αἷς τε χρῶνταί τινες τῶν πόλεων τῶν εὐνομεῖσθαι λεγομένων, κἂν εἴ τινες ἕτεραι τυγχάνουσιν ὑπό τινων εἰρημέναι καὶ δοκοῦσαι καλῶς ἔχειν, ἵνα τό τ᾽ ὀρθῶς ἔχον ὀφθῇ καὶ τὸ χρήσιμον, ἔτι δὲ τὸ ζητεῖν τι παρ᾽ αὐτὰς ἕτερον μὴ δοκῇ πάντως εἶναι σοφίζεσθαι βουλομένων, ἀλλὰ διὰ τὸ μὴ καλῶς ἔχειν ταύτας τὰς νῦν ὑπαρχούσας, διὰ τοῦτο ταύτην δοκῶμεν ἐπιβαλέσθαι τὴν μέθοδον. 2 Ἀρχὴν δὲ πρῶτον ποιητέον ἥ περ πέφυκεν ἀρχὴ ταύτης τῆς σκέψεως· ἀνάγκη γὰρ ἤτοι πάντας πάντων κοινωνεῖν τοὺς πολίτας, ἢ μηδενός, ἢ τινῶν μὲν τινῶν δὲ μή. Τὸ μὲν οὖν μηδενὸς κοινωνεῖν φανερὸν ὡς ἀδύνατον· ἡ γὰρ πολιτεία κοινωνία τίς ἐστι, καὶ πρῶτον ἀνάγκη τοῦ τόπου κοινωνεῖν· ὁ μὲν γὰρ τόπος εἷς ὁ τῆς [1261 a] μιᾶς πόλεως, οἱ δὲ πολῖται κοινωνοὶ τῆς μιᾶς πόλεως· 3 ἀλλὰ πότερον ὅσων ἐνδέχεται κοινωνῆσαι, πάντων βέλτιον κοινωνεῖν τὴν μέλλουσαν οἰκήσεσθαι πόλιν καλῶς, ἢ τινῶν μὲν τινῶν δ᾽ οὐ βέλτιον; ἐνδέχεται γὰρ καὶ τέκνων καὶ γυναικῶν καὶ κτημάτων κοινωνεῖν τοὺς πολίτας ἀλλήλοις, ὥσ-

1. Sur les implications d'une telle traduction, et les liens qu'elle permet d'établir avec *Éth. Nic.*, V, 3, 1129 b 4-6, *cf.* Bodéüs (1991), pp. 60-61.

POLITIQUE, LIVRE II

I 1 Puisque nous avons fait le choix, en ce qui concerne la communauté politique, d'étudier celle qui l'emporte sur toutes < les autres > pour des hommes susceptibles de vivre, autant que possible, selon nos vœux[1], il faut examiner d'autres constitutions[2], et celles qui sont en usage dans certaines cités dont on dit qu'elles sont régies par de bonnes lois, et d'autres, s'il s'en trouve, sur lesquelles certains se sont exprimés et qui ont la réputation d'être réussies ; cela afin de voir ce qu'elles ont de correct et d'utile, et aussi pour que notre recherche de quelque chose de différent ne semble pas provenir d'un désir de parader à tout prix comme un sophiste, mais du fait que celles dont nous disposons actuellement ne sont pas une réussite ; c'est pour cette raison que nous pensons suivre une telle voie. **2** Il faut d'abord prendre pour principe ce qui, précisément, est par nature le principe de cet examen : c'est en effet une nécessité que tous les citoyens aient tout en commun, ou bien rien, ou bien certaines choses et d'autres non. N'avoir rien en commun, c'est évidemment impossible, car la constitution d'une cité est une certaine forme de communauté, et tout d'abord il faut bien qu'ils aient un lieu en commun : c'est, en effet, l'unité de lieu qui fait l'unité de la cité, et les citoyens sont ceux qui ont en commun leur unique cité. **3** Mais de tout ce que l'on peut mettre en communauté, vaut-il mieux qu'une cité qui devra être bien administrée ait tout en commun, ou vaut-il mieux qu'il en soit ainsi de certaines choses et non d'autres ? Il est en effet possible qu'ils aient en commun les uns avec les autres et les enfants, et les femmes, et les biens, comme

2. Sur les différents sens de *politeia*, voir *Introduction*, p. XXI-XXII.

περ ἐν τῇ πολιτείᾳ τῇ Πλάτωνος· ἐκεῖ γὰρ ὁ Σωκράτης φησὶ δεῖν κοινὰ τὰ τέκνα καὶ τὰς γυναῖκας εἶναι καὶ τὰς κτήσεις· τοῦτο δὴ πότερον ὡς νῦν οὕτω βέλτιον ἔχειν, ἢ κατὰ τὸν ἐν τῇ πολιτείᾳ γεγραμμένον νόμον; II 1 Ἔχει δὴ δυσχερείας ἄλλας τε πολλὰς τὸ πάντων εἶναι τὰς γυναῖκας κοινάς, καὶ δι' ἣν αἰτίαν φησὶ δεῖν νενομοθετῆσθαι τὸν τρόπον τοῦτον ὁ Σωκράτης, οὐ φαίνεται συμβαῖνον ἐκ τῶν λόγων· ἔτι δὲ πρὸς τὸ τέλος ὅ φησι τῇ πόλει δεῖν ὑπάρχειν, ὡς μὲν εἴρηται νῦν, ἀδύνατον, πῶς δὲ δεῖ διελεῖν, οὐδὲν διώρισται· 2 λέγω δὲ τὸ μίαν εἶναι τὴν πόλιν ὡς ἄριστον ὂν ὅτι μάλιστα πᾶσαν· λαμβάνει γὰρ ταύτην ὑπόθεσιν ὁ Σωκράτης. Καίτοι φανερόν ἐστιν ὡς προϊοῦσα καὶ γινομένη μία μᾶλλον οὐδὲ πόλις ἔσται· πλῆθος γάρ τι τὴν φύσιν ἐστὶν ἡ πόλις· γινομένη τε μία μᾶλλον, οἰκία μὲν ἐκ πόλεως, ἄνθρωπος δ' ἐξ οἰκίας ἔσται· μᾶλλον γὰρ μίαν τὴν οἰκίαν τῆς πόλεως φαίημεν ἄν, καὶ τὸν ἕνα τῆς οἰκίας· ὥστ' εἰ καὶ δυνατός τις εἴη τοῦτο δρᾶν, οὐ ποιητέον· ἀναιρήσει γὰρ τὴν πόλιν. 3 Οὐ μόνον δ' ἐκ πλειόνων ἀνθρώπων ἐστὶν ἡ πόλις, ἀλλὰ καὶ ἐξ εἴδει διαφερόντων· οὐ γὰρ γίνεται πόλις ἐξ ὁμοίων. Ἕτερον γὰρ συμμαχία καὶ πόλις· τὸ μὲν γὰρ τῷ ποσῷ χρήσιμον, κἂν ᾖ τὸ αὐτὸ τῷ εἴδει (βοηθείας γὰρ χάριν ἡ συμμαχία πέφυκεν), ὥσπερ ἂν εἰ σταθμὸς πλεῖον ἑλκύσει· διοίσει δὲ τῷ

dans la *République* de Platon : Socrate y dit, en effet, que doivent être communs les enfants, les femmes ainsi que les biens possédés ; sur ce point, faut-il donc préférer l'état de choses actuel ou suivre la législation consignée dans la *République* ?

II 1 La communauté des femmes suscite bien des difficultés, en particulier celles-ci : la raison alléguée par Socrate pour instituer à titre de loi cette manière de faire ne découle évidemment pas de ses arguments ; de plus, en ce qui concerne la fin qui, selon lui, doit être le fondement de la cité, prise littéralement, elle est irréalisable ; or il n'a nullement montré comment l'interpréter ; **2** je veux parler de l'unité de la cité la plus totale possible, considérée comme étant ce qu'il y a de mieux pour elle[3] ; Socrate adopte en effet cette thèse de base. Il est clair cependant qu'une cité, à force de progresser ainsi et de devenir davantage une, ne sera plus une cité, car la cité par sa nature est d'une certaine façon pluralité. En devenant davantage une, de cité elle deviendra une famille, et de famille elle deviendra un homme : la famille, en effet, est plus une, dirions-nous que la cité et l'homme plus que la famille ; de telle sorte que s'il était possible d'accomplir cela, il ne faudrait pas le faire : car on détruirait la cité.

3 La cité, en effet, est non seulement composée d'un plus grand nombre d'hommes, mais ils sont de surcroît spécifiquement différents : car une cité ne naît pas des semblables. Autre chose est en effet une alliance militaire, autre chose une cité. L'utilité de la première est dans la quantité < numérique >, même s'il arrive qu'elle soit caractérisée par l'uniformité (car l'alliance militaire vise par nature une aide mutuelle) tout comme un poids plus lourd pèsera davantage ; c'est aussi en cela

3. *Rép.*, IV, 422 d-e, 423 d 5 ; V, 462 b.

τοιούτῳ καὶ πόλις ἔθνους, ὅταν μὴ κατὰ κώμας ὦσι κεχωρισμένοι τὸ πλῆθος, ἀλλ' οἷον Ἀρκάδες· ἐξ ὧν δὲ δεῖ ἓν γενέσθαι, εἴδει διαφέρει. 4 Διόπερ τὸ ἴσον τὸ ἀντιπεπονθὸς σῴζει τὰς πόλεις, ὥσπερ ἐν τοῖς ἠθικοῖς εἴρηται πρότερον· ἐπεὶ καὶ ἐν τοῖς ἐλευθέροις καὶ ἴσοις ἀνάγκη τοῦτ' εἶναι· ἅμα γὰρ οὐχ οἷόν τε πάντας ἄρχειν, ἀλλ' ἢ κατ' ἐνιαυτὸν ἢ κατά τινα ἄλλην τάξιν ἢ χρόνον. 5 Καὶ συμβαίνει δὴ τὸν τρόπον τοῦτον ὥστε πάντας ἄρχειν, ὥσπερ ἂν εἰ μετέβαλλον οἱ σκυτεῖς καὶ οἱ τέκτονες καὶ μὴ ἀεὶ οἱ αὐτοὶ σκυτοτόμοι καὶ τέκτονες ἦσαν. 6 Ἐπεὶ δὲ βέλτιον οὕτως ἔχειν καὶ τὰ περὶ τὴν κοινωνίαν τὴν πολιτικήν, δῆλον ὡς τοὺς αὐτοὺς ἀεὶ βέλτιον ἄρχειν, εἰ δυνατόν· ἐν οἷς δὲ μὴ δυνατὸν διὰ τὸ τὴν [1261 b] φύσιν ἴσους εἶναι πάντας, ἅμα δὲ καὶ δίκαιον, εἴτ' ἀγαθὸν εἴτε φαῦλον τὸ ἄρχειν, πάντας αὐτοῦ μετέχειν, τοῦτο δὲ μιμεῖται τὸ ἐν μέρει τοὺς ἴσους εἴκειν τό θ' ὡς ὁμοίους εἶναι ἔξω ἀρχῆς· 7 οἱ μὲν γὰρ ἄρχουσιν οἱ δ' ἄρχονται κατὰ μέρος ὥσπερ ἂν ἄλλοι γενόμενοι· τὸν αὐτὸν δὴ τρόπον ἀρχόντων ἕτεροι ἑτέρας ἄρχουσιν ἀρχάς. Φανερὸν τοίνυν ἐκ τούτων ὡς οὔτε πέφυκε μίαν οὕτως εἶναι τὴν πόλιν ὥσπερ λέγουσί τινες,

4. Avec Éd. Will, on préférera « conserver » ici « le terme grec d'*ethnos* », plutôt que de parler de « peuplade » ou de « population », notions trop indéterminées, d'« État tribal » ou de « fédération tribale », expressions « entraînant » cette fois « des représentations impropres » (Éd. Will [1972], p. 412, n. 1). Comme le montre, en effet, la référence aux Arcadiens (sur ce point, voir Weil [1960], pp. 269-

qu'une cité différera d'un *ethnos*[4] même lorsque sa population n'est pas séparée en villages, mais vit comme les Arcadiens ; au contraire, elle doit être une unité issue d'éléments qui diffèrent spécifiquement. **4** C'est pourquoi l'égalité réciproque sauve les cités, comme cela a déjà été dit dans les *Éthiques*[5] ; et en effet entre hommes libres et égaux, il faut bien qu'il en soit ainsi : car il n'est pas possible que tous exercent une charge en même temps, mais soit pour une année, soit selon un autre arrangement, ou pour une durée différente. **5** De cette manière tous arrivent à exercer une charge, comme si les cordonniers et les charpentiers échangeaient leurs occupations ou que les mêmes ne soient pas toujours cordonniers ou charpentiers. **6** Mais puisqu'il vaut mieux qu'il en aille ainsi également pour ce qui touche à la communauté politique, il est évident qu'il vaut mieux que ce soit toujours les mêmes qui exercent une charge, si c'est possible ; dans le cas cependant où cela n'est pas possible parce que tous sont égaux par nature, et qu'il est juste que tous participent ensemble au gouvernement (qu'il soit bien ou mal d'exercer une charge), voilà qui est une imitation de la situation où des égaux cèdent tour à tour <leur charge > et restent semblables, la charge qu'ils exercent exceptée. **7** Tour à tour, en effet, les uns gouvernent et les autres sont gouvernés, comme s'ils étaient devenus différents ; en outre, et de la même façon, parmi ceux qui gouvernent, des hommes différents exercent des charges différentes. D'après cela, il est donc clair que la cité n'est pas une par nature au sens

272, et Vilatte [1984]), Aristote pense à cette autre forme d'organisation politique que constitue, à côté de la *polis*, l'*ethnos* « groupant [...] des bourgades ou villages *(kômai)* ». Pour plus de précision, se reporter au *Lexique - Vocabulaire des institutions.* Sur les autres sens possibles d'*ethnos*, *cf.* Vergnières (1995), pp. 222-227.

5. Sur l'*égalité réciproque (to ison to antipeponthos)*, voir *Éth. Nic.*, V, 8 et *Magn. mor.*, I, 33.

καὶ τὸ λεχθὲν ὡς μέγιστον ἀγαθὸν ἐν ταῖς πόλεσιν ὅτι τὰς πόλεις ἀναιρεῖ· καίτοι τό γε ἑκάστου ἀγαθὸν σῴζει ἕκαστον. 8 Ἔστι δὲ καὶ κατ' ἄλλον τρόπον φανερὸν ὅτι τὸ λίαν ἑνοῦν ζητεῖν τὴν πόλιν οὐκ ἔστιν ἄμεινον· οἰκία μὲν γὰρ αὐταρκέστερον ἑνός, πόλις δ' οἰκίας, καὶ βούλεταί γ' ἤδη τότε εἶναι πόλις, ὅταν αὐτάρκη συμβαίνῃ τὴν κοινωνίαν εἶναι τοῦ πλήθους· εἴπερ οὖν αἱρετώτερον τὸ αὐταρκέστερον, καὶ τὸ ἧττον ἓν τοῦ μᾶλλον αἱρετώτερον.

III 1 Ἀλλὰ μὴν οὐδ' εἰ τοῦτο ἄριστόν ἐστι, τὸ μίαν ὅτι μάλιστ' εἶναι τὴν κοινωνίαν, οὐδὲ τοῦτ' ἀποδείκνυσθαι φαίνεται κατὰ τὸν λόγον, ἐὰν πάντες ἅμα λέγωσι τὸ ἐμὸν καὶ τὸ μὴ ἐμόν· τοῦτο γὰρ οἴεται ὁ Σωκράτης σημεῖον εἶναι τοῦ τὴν πόλιν τελέως εἶναι μίαν. 2 Τὸ γὰρ πάντες διττόν· εἰ μὲν οὖν ὡς ἕκαστος, τάχ' ἂν εἴη μᾶλλον ὃ βούλεται ποιεῖν ὁ Σωκράτης· ἕκαστος γὰρ υἱὸν ἑαυτοῦ φήσει τὸν αὐτὸν καὶ γυναῖκα δὴ τὴν αὐτήν, καὶ περὶ τῆς οὐσίας καὶ περὶ ἑκάστου δὴ τῶν συμβαινόντων ὡσαύτως· νῦν δ' οὐχ οὕτω φήσουσιν οἱ κοιναῖς χρώμενοι ταῖς γυναιξὶ καὶ τοῖς τέκνοις, ἀλλὰ πάντες μέν, οὐχ ὡς ἕκαστος δ' αὐτῶν· 3 ὁμοίως δὲ καὶ τὴν οὐσίαν πάντες μέν, οὐχ ὡς ἕκαστος δ' αὐτῶν. Ὅτι μὲν τοίνυν παραλογισμός τίς ἐστι τὸ λέγειν πάντας, φανερόν· τὸ γὰρ πάν-

6. En ce qui concerne l'*autarcie*, qui ne se limite pas à l'indépendance économique, voir *Éth. Nic.*, I, 5, 1097 b 8-11 ; V, 10, 1134 a 26 ss. ; *Pol.*, I, 2, 1252 b 28 ss., 1253 a ; III, 1, 1275 b 20 ss. ; 9, 1280 b 31 - 1281 a 1. *Cf.* P. Aubenque, « Politique et éthique chez Aristote », *in* « Autour de la *Politique* d'Aristote », pp. 212-214.

où certains le disent et que le soi-disant bien suprême dans les cités détruit en fait les cités ; or le bien de chaque chose c'est ce qui assure la sauvegarde de chacune < d'entre elles >.

8 D'un autre point de vue aussi, il est clair que rechercher une unification excessive pour la cité n'est pas ce qu'il y a de mieux : une famille est plus autarcique[6] qu'un individu, et une cité plus qu'une famille, et précisément il y a cité dès que la communauté de sa population parvient à l'autarcie ; si donc une plus grande autarcie est préférable, alors une unité moindre est préférable à une plus grande.

III 1 Mais même en admettant qu'il soit mieux pour une communauté politique d'être aussi une que possible, il est évident que cette unité n'est pas prouvée, tous diraient-ils ensemble « c'est à moi » et « ce n'est pas à moi » ; c'est cela, en effet, que Socrate s'imagine être le signe de l'unité parfaite de la cité. **2** Car le mot « tous » a un double sens ; s'il est pris dans le sens de « chacun en particulier », on se rapprocherait peut-être de ce que Socrate a l'intention de faire : chacun appellera le même individu son propre fils ou la même personne sa propre femme, et pareillement pour son patrimoine et pour tout ce qui lui advient. Mais, en fait, ce n'est pas en ce sens que le diront ceux qui ont en commun femmes et enfants : ils le feront en effet au sens de « tous collectivement » et non de « chacun d'eux en particulier »[7] ; **3** de même leur patrimoine, ils le posséderont « tous collectivement » et non « chacun d'eux en particulier ». Qu'il y ait donc un certain paralogisme[8] à dire « tous », c'est évident ; des termes comme « tous, tous les deux,

7. *Cf.* Nussbaum (1980), pp. 345-346.

8. Il y a paralogisme parce que, contrairement à ce que réclament les *Topiques* (I, 13, 105 a 23 ss), Platon n'a pas « dissocié les divers sens [du] terme » *pantes*, « tous » : distributif (chaque individu en particulier) et collectif (tous ensemble).

τες καὶ ἀμφότερα καὶ περιττὰ καὶ ἄρτια διὰ τὸ διττὸν καὶ ἐν τοῖς λόγοις ἐριστικοὺς ποιεῖ συλλογισμούς· διό ἐστι τὸ πάντας τὸ αὐτὸ λέγειν ὡδὶ μὲν καλόν, ἀλλ' οὐ δυνατόν, ὡδὶ δ' οὐδὲν ὁμονοητικόν. 4 Πρὸς δὲ τούτοις ἑτέραν ἔχει βλάβην τὸ λεγόμενον· ἥκιστα γὰρ ἐπιμελείας τυγχάνει τὸ πλείστων κοινόν· τῶν γὰρ ἰδίων μάλιστα φροντίζουσιν, τῶν δὲ κοινῶν ἧττον, ἢ ὅσον ἑκάστῳ ἐπιβάλλει· πρὸς γὰρ τοῖς ἄλλοις ὡς ἑτέρου φροντίζοντος ὀλιγωροῦσι μᾶλλον, ὥσπερ ἐν ταῖς οἰκετικαῖς διακονίαις οἱ πολλοὶ θεράποντες ἐνίοτε χεῖρον ὑπηρετοῦσι τῶν ἐλαττόνων. 5 Γίνονται δ' ἑκάστῳ χίλιοι τῶν πολιτῶν υἱοί, καὶ οὗτοι οὐχ ὡς ἑκάστου, ἀλλὰ τοῦ τυχόντος ὁ τυχὼν [1262 a] ὁμοίως ἐστὶν υἱός, ὥστε πάντες ὁμοίως ὀλιγωρήσουσιν. Ἔτι οὕτως ἕκαστος ἐμὸς λέγει τὸν εὖ πράττοντα τῶν πολιτῶν ἢ κακῶς, ὁπόστος τυγχάνει τὸν ἀριθμόν, οἷον ἐμὸς ἢ τοῦ δεῖνος, τοῦτον τὸν τρόπον λέγων καθ' ἕκαστον τῶν χιλίων, ἢ ὅσων ἡ πόλις ἐστί, καὶ τοῦτο διστάζων· ἄδηλον γὰρ ᾧ συνέβη γενέσθαι τέκνον καὶ σωθῆναι γενόμενον. 6 Καίτοι πότερον οὕτω κρεῖττον τὸ ἐμὸν λέγειν ἕκαστον, τὸ αὐτὸ μὲν προσαγορεύοντας δισχιλίων καὶ μυρίων, ἢ μᾶλλον ὡς νῦν ἐν ταῖς πόλεσι τὸ ἐμὸν λέγουσιν; 7 ὁ μὲν γὰρ υἱὸν αὐτοῦ, ὁ δὲ ἀδελφὸν αὐτοῦ προσαγορεύει τὸν αὐτόν, ὁ δ' ἀνεψιόν, ἢ κατ' ἄλλην τινὰ συγγένειαν ἢ πρὸς αἵματος ἢ κατ' οἰκειότητα καὶ κηδείαν αὐτοῦ πρῶτον ἢ τῶν αὐτοῦ, πρὸς δὲ τούτοις ἕτερον φράτορα φυλέτην· κρεῖττον γὰρ ἴδιον ἀνεψιὸν εἶναι ἢ τὸν τρόπον τοῦ-

9. En ce qui concerne les syllogismes éristiques, voir *Réf. soph.*, 4, 165 b 25 ss., où l'homonymie est présentée comme l'un des six « vices qui produisent la fausse apparence d'un argument en dépendance du discours ». Pour tout ce qui concerne l'utilisation de la dialectique dans la critique de l'argumentation platonicienne, il faut lire Bertelli (1977).

10. *Cf.* Roussel (1975). Par ailleurs, sur l'importance « du lien qui unit le père aux enfants et des bienfaits qui en découlent », voir *Éth. Nic.*, X, 10, 1180 a 29 - 1180 b 13.

pair et impair », à cause de leur double acception, donnent naissance, même dans les discours argumentés à des raisonnements éristiques[9]. C'est pourquoi, en un sens il est beau mais impossible que tous disent la même chose, en un autre sens cela ne favorise en rien la concorde.

4 Outre cela, ce qui a été dit a un autre défaut : ce qui est commun au plus grand nombre n'obtient que très peu de soin ; on se soucie surtout de ses biens propres, mais moins des biens communs, si ce n'est dans la mesure de son intérêt personnel ; on les néglige davantage, entre autres raisons, parce qu'un autre, pense-t-on, en prend soin : c'est ce qui arrive dans les travaux domestiques, ou de nombreux serviteurs en font quelquefois moins qu'un plus petit nombre. **5** Si à chacun des citoyens naissent mille fils, qui ne le sont d'aucun en particulier, mais le premier venu étant pareillement le fils du premier venu, tous pareillement les négligeront.

De plus, chacun des citoyens dit d'un enfant – selon qu'il agit bien ou mal – « c'est le mien » en un sens déterminé par le nombre < de citoyens > au rang desquels il figure ; ainsi « le mien » ou « celui d'un tel » : il désigne de cette façon chacun des mille, ou plus, dont est constituée la cité, et ce faisant il est dans l'incertitude. Car rien ne laisse voir clairement à qui il est arrivé d'avoir un enfant, et qui ait survécu après sa naissance. **6** Quoi qu'il en soit, vaut-il mieux que chacun des deux mille ou des dix mille en appelant un même enfant, dise « le mien » dans ce sens ou plutôt qu'on dise « le mien » comme c'est actuellement le cas dans les cités ? **7** Car le même enfant, l'un l'appelle son fils, l'autre son frère, l'autre encore son cousin, ou selon quelque autre relation de parenté, d'après les liens du sang, ou en fonction d'une affinité ou d'une alliance qui le concernent lui d'abord ou les siens ; outre cela, un autre l'appellera compagnon de phratrie ou de tribu[10]. Mieux vaut, en fait, être un vrai cousin qu'un fils de cette manière.

τον υἱόν. 8 Οὐ μὴν ἀλλ' οὐδὲ διαφυγεῖν δυνατὸν τὸ μή τινας ὑπολαμβάνειν ἑαυτῶν ἀδελφούς τε καὶ παῖδας καὶ πατέρας καὶ μητέρας· κατὰ γὰρ τὰς ὁμοιότητας αἳ γίνονται τοῖς τέκνοις πρὸς τοὺς γεννήσαντας, ἀναγκαῖον λαμβάνειν περὶ ἀλλήλων τὰς πίστεις. 9 Ὅπερ φασὶ καὶ συμβαίνειν τινὲς τῶν τὰς τῆς γῆς περιόδους πραγματευομένων· εἶναι γάρ τισι τῶν ἄνω Λιβύων κοινὰς τὰς γυναῖκας, τὰ μέντοι γενόμενα τέκνα διαιρεῖσθαι κατὰ τὰς ὁμοιότητας· εἰσὶ δέ τινες καὶ γυναῖκες καὶ τῶν ἄλλων ζῴων, οἷον ἵπποι καὶ βόες, αἳ σφόδρα πεφύκασιν ὅμοια ἀποδιδόναι τὰ τέκνα τοῖς γονεῦσιν, ὥσπερ ἡ ἐν Φαρσάλῳ κληθεῖσα Δικαία ἵππος. IV 1 Ἔτι δὲ καὶ τὰς τοιαύτας δυσχερείας οὐ ῥᾴδιον εὐλαβηθῆναι τοῖς ταύτην κατασκευάζουσι τὴν κοινωνίαν, οἷον αἰκίας καὶ φόνους ἀκουσίους, τοὺς δὲ ἑκουσίους, καὶ μάχας καὶ λοιδορίας, ὧν οὐδεν ὅσιόν ἐστι γίνεσθαι πρὸς πατέρας καὶ μητέρας καὶ τοὺς μὴ πόρρω τῆς συγγενείας ὄντας, ὥσπερ πρὸς τοὺς ἄπωθεν· ἀλλὰ καὶ πλεῖον συμβαίνειν ἀναγκαῖον ἀγνοούντων ἢ γνωριζόντων, καὶ γενομένων τῶν μὲν γνωριζόντων ἐνδέχεται τὰς νομιζομένας γίνεσθαι λύσεις, τῶν δὲ μηδεμίαν. 2 Ἄτοπον δὲ

11. *Cf.* Hdt, IV, 180, 21-25, à propos des Auses, Libyens nomades vivant au bord de la mer : « Ils possèdent les femmes en commun [...]. Lorsque l'enfant d'une femme a pris de la force, les hommes se rassemblent au même lieu dans le troisième mois, et l'enfant est tenu pour le fils de celui à qui il ressemble. »

12. C'est-à-dire semblables à leurs *pères*. Cf. *Hist. an.*, VII, 6, 586 a 13.

8 Cependant il n'est pas possible d'échapper au fait que certains comprennent qui sont leurs frères, leurs enfants, leurs pères et leurs mères ; car en fonction des ressemblances qui existent entre les enfants et leurs parents, il est nécessaire que des preuves soient découvertes au sujet des uns et des autres ; **9** certains de ceux qui se sont employés à faire le tour de la terre déclarent que c'est précisément ce qui arrive : chez certains habitants de Haute-Lybie les femmes sont communes ; pourtant les enfants qui viennent de naître sont répartis d'après les ressemblances[11] ; il y en a même certaines, aussi bien les femmes que les femelles d'autres animaux, comme les chevaux ou les bovins, qui ont une forte disposition naturelle à reproduire des enfants semblables à leurs géniteurs, comme la jument de Pharsale, appelée la Juste[12].

IV 1 Maintenant enfin, il n'est pas facile, pour ceux qui ont élaboré une telle communauté, de se prémunir contre les difficultés suivantes : mauvais traitements, meurtres involontaires ou volontaires, querelles, injures, dont aucune n'est conforme aux prescriptions divines[13] à l'égard des pères, des mères et des proches parents, comme elles pourraient l'être à l'égard d'étrangers. Mais certes, il est nécessaire que cela se produise davantage quand on ne connaît pas < ses parents > que lorsqu'on < les > connaît ; il est aussi possible, quand on les connaît, d'accomplir les expiations en usage, ce qui est impossible pour ceux qu'on ne connaît pas.

13. Sur ce qui est, ou n'est pas, *hosion,* notamment lorsqu'il y a meurtre, sur l'importance de cette notion quand il s'agit d'établir la conformité ou la non-conformité avec la loi ou un ordre permanent des relations des hommes entre eux – et particulièrement la conduite des enfants à l'égard des parents –, sur sa « consonance spécifiquement religieuse » enfin, *cf.* Rudhardt (1992), pp. 30-34, ainsi que les réserves de la Préface à la 2e édition.

καὶ τὸ κοινοὺς ποιήσαντα τοὺς υἱοὺς τὸ συνεῖναι μόνον ἀφελεῖν τῶν ἐρώντων, τὸ δ' ἐρᾶν μὴ κωλῦσαι, μηδὲ τὰς χρήσεις τὰς ἄλλας ἃς πατρὶ πρὸς υἱὸν εἶναι πάντων ἐστὶν ἀπρεπέστατον καὶ ἀδελφῷ πρὸς ἀδελφόν, ἐπεὶ καὶ τὸ ἐρᾶν μόνον. 3 Ἄτοπον δὲ καὶ τὸ τὴν συνουσίαν ἀφελεῖν δι' ἄλλην μὲν αἰτίαν μηδεμίαν, ὡς λίαν δὲ ἰσχυρᾶς τῆς ἡδονῆς γινομένης, ὅτι δ' ὁ μὲν πατὴρ ἢ υἱός, οἱ δ' ἀδελφοὶ ἀλλήλων, μηδὲν οἴεσθαι διαφέρειν. 4 Ἔοικε δὲ μᾶλλον τοῖς γεωργοῖς εἶναι χρήσιμον τὸ κοινὰς εἶναι τὰς γυναῖκας καὶ τοὺς παῖ-
[1262b] **δας ἢ τοῖς φύλαξιν· ἧττον γὰρ ἔσται φιλία κοινῶν ὄντων τῶν τέκνων καὶ τῶν γυναικῶν, δεῖ δὲ τοιούτους εἶναι τοὺς ἀρχομένους πρὸς τὸ πειθαρχεῖν καὶ μὴ νεωτερίζειν. 5 Ὅλως δὲ συμβαίνειν ἀνάγκη τοὐναντίον διὰ τὸν τοιοῦτον νόμον ὧν προσήκει τοὺς ὀρθῶς κειμένους νόμους αἰτίους γίνεσθαι, καὶ δι' ἣν αἰτίαν ὁ Σωκράτης οὕτως οἴεται δεῖν τάττειν τὰ περὶ τὰ τέκνα καὶ τὰς γυναῖκας. 6 Φιλίαν τε γὰρ οἰόμεθα μέγιστον εἶναι τῶν ἀγαθῶν ταῖς πόλεσιν (οὕτω γὰρ ἂν ἥκιστα στασιάζοιεν), καὶ τὸ μίαν εἶναι τήν πόλιν ἐπαινεῖ μάλισθ' ὁ Σωκράτης, ὃ καὶ δοκεῖ κἀκεῖνος εἶναί φησι τῆς φιλίας ἔργον, καθάπερ ἐν τοῖς ἐρωτικοῖς λόγοις ἴσμεν λέγοντα τὸν Ἀριστοφάνην ὡς τῶν ἐρώντων διὰ τὸ σφόδρα φιλεῖν ἐπιθυμούντων συμφυῆναι καὶ γενέσθαι ἐκ δύο ὄντων ἀμφοτέρους ἕνα·**

14. *Cf.* Platon, *Rép.*, III, 403 a ss.

15. Succombant ainsi au plaisir, passager, de ce qui est nouveau (*Éth. Nic.*, X, 4, 1175 a 6 ss.). Notons que ces « innovations » sont fréquemment violentes, et que *neôterizô*, « prendre des mesures nouvelles », en vient souvent à signifier « faire une révolution ».

2 Il est également extravagant qu'après avoir établi la communauté des fils, les relations sexuelles ne soient interdites qu'entre amants[14], mais qu'on n'empêche pas l'amour, ni les relations intimes, qui sont tout à fait inconvenants pour un père envers son fils, et pour un frère envers son frère, puisque l'amour ici l'est à lui seul. **3** Mais il est également extravagant d'interdire les relations sexuelles pour la seule autre raison que le plaisir qu'elles procurent est trop violent, et de penser qu'il est indifférent que ce soit le père qui ait commerce avec son fils, ou des frères les uns avec les autres.

4 D'un autre côté il semble que la mise en commun des femmes et des enfants est plus utile chez les agriculteurs que chez les gardiens ; car, les femmes et les enfants étant communs, l'amitié sera plus faible ; or il faut que les gouvernés se comportent ainsi pour qu'ils obéissent à ce qui commande et ne tentent pas d'innover[15]. **5** Mais, en général, il est nécessaire que ce soit tout le contraire – de ce dont il convient que des lois bien établies soient des causes – qui se produise du fait d'une telle loi et de la raison pour laquelle Socrate pense qu'il faut fixer de la sorte ce qui concerne les enfants et les femmes. **6** Pour cette raison, en effet, nous estimons que l'amitié est le plus grand des biens pour les cités (car ainsi elles ne seraient pas du tout troublées par les séditions[16]), et Socrate loue tout particulièrement l'unité de la cité qui lui semble, et dont lui-même dit, qu'elle est l'œuvre de l'amitié, tout comme nous savons que dans ses discours sur l'amour Aristophane dit que les amants, en raison de la force de leur attachement, désirent se fondre en un tout, et de deux qu'ils étaient devenir un

16. D'Aristote, on lira les analyses classiques de l'*Éthique à Eudème,* VII et de l'*Éthique à Nicomaque,* VII-IX. *Cf.* Fraisse (1984) ; Aubenque (1963), Appendice : « Sur l'amitié chez Aristote », pp. 179-183. Voir également *Lexique – 3. Vocabulaire philosophique.* Pour ce qui concerne la sédition, il faut voir maintenant LORAUX (1997).

7 ἐνταῦθα μὲν οὖν ἀνάγκη ἀμφοτέρους ἐφθάρθαι ἢ τὸν ἕνα· ἐν δὲ τῇ πόλει τὴν φιλίαν ἀναγκαῖον ὑδαρῆ γίνεσθαι διὰ τὴν κοινωνίαν τὴν τοιαύτην, καὶ ἥκιστα λέγειν τὸν ἐμὸν ἢ υἱὸν πατέρα ἢ πατέρα υἱόν. 8 Ὥσπερ γὰρ μικρὸν γλυκὺ εἰς πολὺ ὕδωρ μιχθὲν ἀναίσθητον ποιεῖ τὴν κρᾶσιν, οὕτω συμβαίνει καὶ τὴν οἰκειότητα τὴν πρὸς ἀλλήλους τὴν ἀπὸ τῶν ὀνομάτων τούτων, διαφροντίζειν ἥκιστα ἀναγκαῖον ὂν ἐν τῇ πολιτείᾳ τῇ τοιαύτῃ ἢ πατέρα ὡς υἱῶν ἢ υἱὸν ὡς πατρός ἢ ὡς ἀδελφοὺς ἀλλήλων. 9 Δύο γάρ ἐστιν ἃ μάλιστα ποιεῖ κήδεσθαι τοὺς ἀνθρώπους καὶ φιλεῖν, τό τε ἴδιον καί τὸ ἀγαπητόν· ὧν οὐδέτερον οἷόν τε ὑπάρχειν τοῖς οὕτω πολιτευομένοις. Ἀλλὰ μὴν καὶ περὶ τοῦ μεταφέρειν τὰ γινόμενα τέκνα, τὰ μὲν ἐκ τῶν γεωργῶν καὶ τεχνιτῶν εἰς τοὺς φύλακας, τὰ δ᾽ ἐκ τούτων εἰς ἐκείνους, πολλὴν ἔχει ταραχήν, τίνα ἔσται τρόπον· καὶ γινώσκειν ἀναγκαῖον τοὺς διδόντας καὶ μεταφέροντας τίσι τίνας διδόασιν. 10 Ἔτι δὲ καὶ τὰ πάλαι λεχθέντα μᾶλλον ἐπὶ τούτων ἀναγκαῖον συμβαίνειν, οἷον αἰκίας ἔρωτας φόνους· οὐ γὰρ ἔτι προσαγορεύουσιν ἀδελφοὺς καὶ τέκνα καὶ πατέρας καὶ μητέρας τοὺς φύλακας οἵ τε εἰς τοὺς ἄλλους πολίτας δοθέντες καὶ πάλιν οἱ παρὰ τοῖς φύλαξι τοὺς ἄλλους πολίτας, ὥστ᾽ εὐλαβεῖσθαι τῶν τοιούτων τι πράττειν διὰ τὴν συγγένειαν. Περὶ μὲν οὖν τῆς περὶ τὰ τέκνα καὶ τὰς γυναῖκας κοινωνίας διωρίσθω τὸν τρόπον τοῦτον.

17. Platon, *Symp.*, 189 a - 193 d. Le passage auquel Aristote fait allusion est en 192 e 8-9 : Héphaïstos propose aux amants « ce dont [...] ils avaient depuis longtemps envie : de joindre l'aimé, de se fondre avec lui, et ainsi, de deux êtres qu'ils étaient, en devenir un seul *(ek duoîn eîs genesthai)* ».

18. Cf. *Rhét.*, I, 7, 1365 b 16-17.

19. Sur le transfert des enfants – après estimation de leur véritable nature – dans une autre classe que celle à laquelle ils appartiennent de

seul[17]. **7** Dans ce cas il est donc nécessaire que l'un et l'autre, ou l'un des deux soit détruit ; mais dans la cité il est nécessaire que l'amitié se dilue en raison d'une telle communauté, et que le père n'y dise plus « mon » fils, ni le fils « mon » père. **8** Car, tout comme un peu de vin mêlé à beaucoup d'eau rend le mélange insipide, il arrive qu'il en soit ainsi pour les relations de parenté des uns avec les autres telles que ces noms les désignent, puisqu'il n'est absolument pas nécessaire dans une telle constitution de se préoccuper comme un père de ses fils, comme un fils de son père, comme des frères les uns des autres.

9 Il y a en effet deux choses qui font que les hommes font preuve de sollicitude les uns envers les autres, et ont < les uns pour les autres > de l'attachement[18] : l'intérêt privé et l'affection, dont aucun des deux n'existe pour ceux qui sont citoyens de cette façon là. D'un autre côté, pour ce qui est du transfert des enfants[19] qui viennent de naître, les uns des agriculteurs et des artisans chez les gardiens, les autres de ceux-ci chez ceux-là, voilà qui occasionne une grande confusion : de quelle façon s'y prendre ? Il faut bien que ceux qui donnent et transfèrent ces enfants sachent lesquels ils donnent et à qui. **10** En outre, ce dont on a parlé précédemment, il est nécessaire que, dans ces conditions, cela arrive davantage : à savoir les mauvais traitements, les passions amoureuses, les meurtres. Ceux qui ont été remis entre les mains d'autres citoyens n'appellent plus, en effet, les gardiens frères, enfants, pères, mères, et c'est l'inverse à l'égard des autres citoyens pour ceux qui sont auprès des gardiens, si bien qu'ils ne se gardent plus de commettre l'un de ces crimes du fait de leurs relations de parenté.

Voici donc ce qu'il fallait expliquer au sujet de la communauté des enfants et des femmes.

naissance afin que chacun soit appliqué à une tâche à laquelle cette nature le prédestine, voir *Rép.*, III, 415 b-c et 423 c-d.

V 1 Ἐχόμενον δὲ τούτων ἐστὶν ἐπισκέψασθαι περὶ τῆς κτήσεως, τίνα τρόπον δεῖ κατασκευάζεσθαι τοῖς μέλλουσι πολιτεύεσθαι τὴν ἀρίστην πολιτείαν, πότερον κοινὴν ἢ μὴ κοινὴν εἶναι τὴν κτῆσιν. 2 Τοῦτο δ' ἄν τις καὶ χωρὶς σκέψαιτο ἀπὸ τῶν περὶ τὰ τέκνα καὶ τὰς γυναῖκας νενομοθετημένων, λέγω [1263 a] δὲ τὰ περὶ τὴν κτῆσιν πότερον κἂν ᾖ ἐκεῖνα χωρίς, καθ' ὃν νῦν τρόπον ἔχει πᾶσι, τάς τε κτήσεις κοινὰς εἶναι βέλτιον καὶ τὰς χρήσεις, οἷον τὰ μὲν γήπεδα χωρίς, τοὺς δὲ καρποὺς εἰς τὸ κοινὸν φέροντας ἀναλίσκειν (ὅπερ ἔνια ποιεῖ τῶν ἐθνῶν), ἢ τοὐναντίον τὴν μὲν γῆν κοινὴν εἶναι καὶ γεωργεῖν κοινῇ, τοὺς δὲ καρποὺς διαιρεῖσθαι πρὸς τὰς ἰδίας χρήσεις (λέγονται δέ τινες καὶ τοῦτον τὸν τρόπον κοινωνεῖν τῶν βαρβάρων), ἢ καὶ τὰ γήπεδα καὶ τοὺς καρποὺς κοινούς. 3 Ἑτέρων μὲν οὖν ὄντων τῶν γεωργούντων ἄλλος ἂν εἴη τρόπος καὶ ῥᾴων, αὐτῶν δ' αὐτοῖς διαπονούντων τὰ περὶ τὰς κτήσεις πλείους ἂν παρέχοι δυσκολίας· καὶ γὰρ ἐν ταῖς ἀπολαύσεσι καὶ ἐν τοῖς ἔργοις μὴ γινομένων ἴσων ἀλλ' ἀνίσων ἀναγκαῖον ἐγκλήματα γίνεσθαι πρὸς τοὺς ἀπολαύοντας μὲν ἢ λαμβάνοντας πολλά, ὀλίγα δὲ πονοῦντας, τοῖς ἐλάττω μὲν λαμβάνουσι, πλείω δὲ πονοῦσιν. 4 Ὅλως δὲ τὸ συζῆν καὶ κοινωνεῖν τῶν ἀνθρωπικῶν πάντων χαλεπόν, καὶ μάλιστα τῶν τοιούτων· δηλοῦσι δ' αἱ τῶν συναποδήμων κοινωνίαι· σχεδὸν γὰρ οἱ πλεῖστοι διαφερόμενοι ἐκ τῶν ἐν ποσὶ καὶ ἐκ μικρῶν προσκρούοντες ἀλλήλοις· ἔτι δὲ τῶν θεραπόντων τούτοις μάλιστα

20. Comme, par exemple, les hilotes de Sparte ou les pénestes de Thessalie.

21. C'est-à-dire ceux qui possèdent la terre.

V 1 À la suite de ce qui vient d'être dit il faut examiner au sujet de la propriété de quelle façon elle doit être organisée par ceux qui sont destinés à gouverner selon la constitution la meilleure : la propriété sera-t-elle commune ou ne sera-t-elle pas commune ? **2** On pourrait examiner ce point même en faisant abstraction de la législation sur les femmes et les enfants ; je veux dire que, pour ce qui touche à la propriété, même si ces derniers restent séparés, comme c'est effectivement partout le cas, vaut-il mieux que les biens qu'on possède et leur utilisation soient communs ? Par exemple, vaut-il mieux (ce que font quelques peuples) d'un côté des fonds de terre séparés, et de l'autre les fruits qu'ils portent consommés en commun ; ou au contraire (on dit que certains chez les barbares ont adopté cette façon de mettre < les biens > en commun) la terre commune et cultivée en commun, mais les fruits partagés à proportion des besoins propres à chacun ; ou bien enfin, communs les fonds de terre et leurs fruits ?

3 Sans doute si ceux qui cultivent la terre sont différents de ceux qui la possèdent[20], la tournure des choses est à la fois autre et plus facile, mais s'ils prennent de la peine à la travailler pour eux-mêmes[21], ce qui touche à la propriété des biens pourrait provoquer plus de difficultés. Et en effet s'ils ne sont pas égaux dans les profits et dans les travaux, mais inégaux, il est nécessaire que des griefs voient le jour contre ceux qui, se donnant peu de peine, tirent beaucoup de profit ou reçoivent beaucoup de ceux qui reçoivent moins et peinent davantage.

4 En général, vivre ensemble et mettre en commun tout ce qui touche aux affaires humaines est difficile, et surtout dans ces domaines, comme le montrent les communautés formées entre compagnons de voyage, puisque la plus grande partie de leurs désaccords proviennent en effet de choses ordinaires, et ils se querellent pour des broutilles ; et de plus, parmi nos serviteurs, ceux avec lesquels nous nous querellons le plus sont

προσκρούομεν οἷς πλεῖστα προσχρώμεθα πρὸς τὰς διακονίας τὰς ἐγκυκλίους. 5 Τὸ μὲν οὖν κοινὰς εἶναι τὰς κτήσεις ταύτας τε καὶ ἄλλας τοιαύτας ἔχει δυσχερείας· ὃν δὲ νῦν τρόπον ἔχει καὶ ἐπικοσμηθὲν ἤθεσι καὶ τάξει νόμων ὀρθῶν, οὐ μικρὸν ἂν διενέγκαι· ἕξει γὰρ τὸ ἐξ ἀμφοτέρων ἀγαθόν· λέγω δὲ τὸ ἐξ ἀμφοτέρων τὸ ἐκ τοῦ κοινὰς εἶναι τὰς κτήσεις καὶ τὸ ἐκ τοῦ ἰδίας. Δεῖ γὰρ πὼς μὲν εἶναι κοινάς, ὅλως δ' ἰδίας· 6 αἱ μὲν γὰρ ἐπιμέλειαι διῃρημέναι τὰ ἐγκλήματα πρὸς ἀλλήλους οὐ ποιήσουσιν, μᾶλλον δ' ἐπιδώσουσιν ὡς πρὸς ἴδιον ἑκάστου προσεδρεύοντος· δι' ἀρετὴν δ' ἔσται πρὸς τὸ χρῆσθαι κατὰ τὴν παροιμίαν· κοινὰ τὰ φίλων. Ἔστι δὲ καὶ νῦν τὸν τρόπον τοῦτον ἐν ἐνίαις πόλεσιν οὕτως ὑπογεγραμμένον ὡς οὐκ ὂν ἀδύνατον, καὶ μάλιστα ἐν ταῖς καλῶς οἰκουμέναις τὰ μὲν ἔστι τὰ δὲ γένοιτ' ἄν· 7 ἰδίαν γὰρ ἕκαστος τὴν κτῆσιν ἔχων τὰ μὲν χρήσιμα ποιεῖ τοῖς φίλοις, τοῖς δὲ χρῆται κοινοῖς, οἷον καὶ ἐν Λακεδαίμονι τοῖς τε δούλοις χρῶνται τοῖς ἀλλήλων ὡς εἰπεῖν ἰδίοις, ἔτι δ' ἵπποις καὶ κυσίν, κἂν δεηθῶσιν ἐφοδίων, ἐν τοῖς ἀγροῖς κατὰ τὴν χώραν. 8 Φανερὸν

22. Si les hommes ne sont donc pas vertueux par nature, ils sont cependant par nature susceptibles de le devenir. Et c'est l'habitude, selon qu'elle est bonne ou mauvaise, qui actualise ou non cette susceptibilité. C'est pourquoi « c'est en leur faisant prendre certaines habitudes que les législateurs rendent bons les citoyens » (*Éth. Nic.*, II, 1, 1103 b 3-4) ; c'est pourquoi également il n'est « pas de peu d'importance [...] de contracter telle ou telle habitude dès l'âge le plus tendre : c'est chose capitale, ou plutôt, tout est là » (b 23-25).

23. Diogène Laërce (VIII, 10) soutient que, « d'après Timée, <Pythagore> fut le premier à dire que *tout est commun entre amis*

ceux que nous utilisons le plus pour les tâches domestiques quotidiennes.

5 Qu'il y ait des biens communs entraîne donc ces difficultés et d'autres semblables ; or, la façon de faire actuelle, embellie par les habitudes[22] et la mise en place de lois correctes, ne l'emporterait pas de peu : car elle posséderait les qualités de l'un et de l'autre, je veux dire celles qui sont issues de la possession commune des biens, et celles qui viennent de leur possession privée. Car il faut que les biens soient d'une certaine manière communs, mais en général privés.

6 D'un côté l'administration séparée des biens privés ne provoquera pas de griefs réciproques, mais fera de grands progrès dans la mesure où chacun s'occupera assidûment de ce qui lui est propre ; d'un autre côté, par la vertu, il en sera quant à leur usage selon le proverbe : « tout est commun entre amis[23] ». Même actuellement il en est ainsi dans certaines cités, montrant de cette façon que la chose n'est pas impossible et surtout, dans celles qui sont bien administrées, tantôt cela existe, tantôt cela pourrait exister[24] ; **7** car, chacun possédant en propre son bien, en réserve une partie pour l'utilité de ses amis et se sert de l'autre comme de biens communs ; par exemple, à Lacédémone, ils utilisent les esclaves les uns des autres comme si, pour ainsi dire, ils appartenaient en propre à chacun, et de même pour les chevaux et les chiens[25] ; et s'ils manquent de provisions, ils les trouvent dans les champs du territoire < de la cité >.

(koina ta philôn einai) ». Platon utilise le même proverbe dans la *République* (IV, 424 a 1-2) à propos de la possession des femmes, du mariage et de la procréation des enfants.

24. C'est le cas, comme on le verra au § 15, à Lacédémone et en Crète où le législateur, « par les syssities, a instauré une communauté des biens », mais également à Tarente (VI, 5, § 10), où les habitants « mettent en commun avec les indigents la jouissance de leurs propriétés, et se concilient ainsi la bienveillance de la multitude ».

25. *Cf.* Xénophon, *Rép. Lac.*, VI, 3.

τοίνυν ὅτι βέλτιον εἶναι μὲν ἰδίας τὰς κτήσεις, τῇ δὲ χρήσει ποιεῖν κοινάς· ὅπως δὲ γίνωνται τοιοῦτοι, τοῦ νομοθέτου τοῦτ' ἔργον ἴδιόν ἐστιν. Ἔτι δὲ καὶ πρὸς ἡδονὴν ἀμύθητον ὅσον διαφέρει τὸ νομίζειν ἴδιόν τι· μὴ γὰρ οὐ μάτην τὴν πρὸς [1263 b] αὐτὸν αὐτὸς ἔχει φιλίαν ἕκαστος, ἀλλ' ἔστι τοῦτο φυσικόν· 9 τὸ δὲ φίλαυτον εἶναι ψέγεται δικαίως· οὐκ ἔστι δὲ τοῦτο τὸ φιλεῖν ἑαυτόν, ἀλλὰ τὸ μᾶλλον ἢ δεῖ φιλεῖν, καθάπερ καὶ τὸν φιλοχρήματον, ἐπεὶ φιλοῦσί γε πάντες ὡς εἰπεῖν ἕκαστον τῶν τοιούτων. Ἀλλὰ μὴν καὶ τὸ χαρίσασθαι καὶ βοηθῆσαι φίλοις ἢ ξένοις ἢ ἑταίροις ἥδιστον, ὃ γίνεται τῆς κτήσεως ἰδίας οὔσης. 10 Ταῦτά τε δὴ οὐ συμβαίνει τοῖς λίαν ἓν ποιοῦσι τὴν πόλιν, καὶ πρὸς τούτοις ἀναιροῦσιν ἔργα δυοῖν ἀρεταῖν φανερῶς, σωφροσύνης μὲν τὸ περὶ τὰς γυναῖκας (ἔργον γὰρ καλὸν ἀλλοτρίας οὔσης ἀπέχεσθαι διὰ σωφροσύνην), ἐλευθεριότητος δὲ τὸ περὶ τὰς κτήσεις· οὔτε γὰρ ἔσται φανερὸς ἐλευθέριος ὤν, οὔτε πράξει πρᾶξιν ἐλευθέριον οὐδεμίαν· ἐν τῇ γὰρ χρήσει τῶν κτημάτων ὁ τῆς ἐλευθεριότητος ἔργον ἐστίν.

11 Εὐπρόσωπος μὲν οὖν ἡ τοιαύτη νομοθεσία καὶ φιλάνθρωπος ἂν εἶναι δόξειεν· ὁ γὰρ ἀκροώμενος ἄσμενος ἀποδέχεται, νομίζων ἔσεσθαι φιλίαν τινὰ θαυμαστὴν πᾶσι πρὸς ἅπαντας, ἄλλως τε καὶ ὅταν κατηγορῇ τις τῶν νῦν ὑπαρχόντων ἐν ταῖς πολιτείαις κακῶν ὡς γινομένων διὰ τὸ μὴ

26. Sur la différence entre l'*égoïsme* – blâmable – et l'*amour de soi* – digne de louange, cf. *Éth. Nic.*, IX, 8, 1168 b 15 - 1169 b 2. Sur l'*avarice*, *Éth. Nic.*, IV, 3, 1121 b 21 - 1122 a 16.

8 Il est donc évident qu'il vaut mieux que les biens soient privés ; il faut cependant les rendre communs pour leur usage, mais c'est en propre le travail du législateur que de savoir comment faire advenir des citoyens de cette sorte. En outre, à quel point il est agréable de tenir quelque chose pour sien, voilà qui est inexprimable ; ce n'est en effet sans doute pas en vain que chacun en particulier a de l'amitié pour lui-même, c'est au contraire quelque chose de naturel. **9** L'égoïsme en revanche est justement blâmé : ce n'est pas là, en effet, s'aimer soi-même mais aimer plus qu'il ne faut, comme c'est aussi le cas de l'avare, car, à la vérité, tous pour ainsi dire aiment chacun de ces objets[26]. Mais certes, rendre service à ses amis, ses hôtes, ses compagnons, leur porter secours, est très agréable, ce que rend possible la possession d'un bien propre.

10 En vérité, toutes ces choses ne peuvent avoir lieu chez ceux qui unifient la cité de façon excessive et qui, outre cela, font manifestement disparaître les œuvres de deux vertus : en ce qui concerne les femmes, celles de la modération[27] (car c'est une belle action de s'abstenir par modération de toucher à celle qui appartient à un autre), et, en ce qui concerne les biens, celles de la libéralité : il ne sera pas possible en effet d'être ouvertement libéral, et on n'accomplira aucune action libérale. Car c'est dans l'usage de ses biens que réside la pratique de la libéralité[28].

11 Un tel code de loi semblerait donc présenter un visage riant et agréable aux hommes ; celui qui en entend parler l'accueille avec joie pensant qu'une merveilleuse amitié de tous pour tous sans exception sera possible, surtout lorsqu'on affirme que les maux existant actuellement sous les < différents > régimes proviennent

27. Voir *Lexique – 3. Vocabulaire philosophique*.

28. *Lexique – 3. Vocabulaire philosophique*. Celui qui n'a pas de biens privés ne peut donner.

κοινὴν εἶναι τὴν οὐσίαν, λέγω δὲ δίκας τε πρὸς ἀλλήλους περὶ συμβολαίων καὶ ψευδομαρτυριῶν κρίσεις καὶ πλουσίων κολακείας· **12** ὧν οὐδὲν γίνεται διὰ τὴν ἀκοινωνησίαν ἀλλὰ διὰ τὴν μοχθηρίαν, ἐπεὶ καὶ τοὺς κοινὰ κεκτημένους καὶ κοινωνοῦντας πολλῷ διαφερομένους μᾶλλον ὁρῶμεν ἢ τοὺς χωρὶς τὰς οὐσίας ἔχοντας· ἀλλὰ θεωροῦμεν ὀλίγους τοὺς ἐκ τῶν κοινωνιῶν διαφερομένους, πρὸς πολλοὺς συμβάλλοντες τοὺς κεκτημένους ἰδίᾳ τὰς κτήσεις. **13** Ἔτι δὲ δίκαιον μὴ μόνον λέγειν ὅσων στερήσονται κακῶν κοινωνήσαντες, ἀλλὰ καὶ ὅσων ἀγαθῶν· φαίνεται δ' εἶναι πάμπαν ἀδύνατος ὁ βίος. Αἴτιον δὲ τῷ Σωκράτει τῆς παρακρούσεως χρὴ νομίζειν τὴν ὑπόθεσιν οὐκ οὖσαν ὀρθήν· **14** δεῖ μὲν γὰρ εἶναί πως μίαν καὶ τὴν οἰκίαν καὶ τὴν πόλιν, ἀλλ' οὐ πάντως. Ἔστι μὲν γὰρ ὡς οὐκ ἔσται προϊοῦσα πόλις, ἔστι δ' ὡς ἔσται μέν, ἐγγὺς δ' οὖσα τοῦ μὴ πόλις εἶναι χείρων πόλις, ὥσπερ κἂν εἴ τις τὴν συμφωνίαν ποιήσειεν ὁμοφωνίαν ἢ τὸν ῥυθμὸν βάσιν μίαν. **15** Ἀλλὰ δεῖ πλῆθος ὄν, ὥσπερ εἴρηται πρότερον, διὰ τὴν παιδείαν κοινὴν καὶ μίαν ποιεῖν· καὶ τόν γε μέλλοντα παιδείαν εἰσάγειν καὶ νομίζοντα διὰ ταύτης ἔσεσθαι τὴν πόλιν σπουδαίαν ἄτοπον τοῖς τοιούτοις οἴεσθαι διορθοῦν, ἀλλὰ μὴ τοῖς ἔθεσι καὶ τῇ φιλοσοφίᾳ καὶ τοῖς νόμοις, ὥσπερ τὰ περὶ τὰς κτήσεις ἐν Λακεδαίμονι καὶ Κρήτῃ τοῖς συσσιτίοις ὁ νομο-

29. Cf. *Rép.*, IV, 464 d 7-e 2 (disparition des procès, des accusations mutuelles, des séditions) ; 465 c (disparition de la flatterie envers les riches, des dettes, de la cupidité, des faux témoignages). Sur l'association procès/sédition, *cf.* Loraux (1997), pp. 237-254.

du fait que la richesse n'est pas commune, je veux dire les procès que s'intentent les uns et les autres à propos des contrats, les condamnations pour faux témoignages et les flatteries à l'égard des riches[29]. **12** Or aucun d'entre eux ne résulte de la non-communauté des biens mais de la perversité, puisque nous voyons ceux qui possèdent des biens communs et qui s'associent se chicaner davantage que ceux dont les richesses sont séparées ; mais nous observons que ceux qui ont des différends provenant des biens qu'ils possèdent en commun sont peu nombreux par comparaison avec la foule des contractants qui sont propriétaires de biens privés. **13** Et de plus, il est juste de ne pas parler seulement de tous les maux que l'on évite en régime de communauté, mais aussi de tous les avantages dont on se prive ; de toute évidence la vie dans ces conditions est tout à fait impossible. Il faut admettre que c'est l'absence de rectitude de sa thèse de base qui est, pour Socrate, la cause de son erreur.

14 Il faut en effet que la famille et la cité soient unes en quelque manière, mais pas complètement. Il peut se faire en effet que la cité progressant vers l'unité, cesse d'exister, ou au contraire existe, mais comme une cité dégradée étant bien près d'être une non-cité ; à la façon de ce qui se produirait si quelqu'un réduisait la symphonie à l'homophonie, ou le rythme à un seul pied. **15** Mais puisqu'elle est une multiplicité, comme on l'a dit précédemment, il faut la rendre commune et une par l'éducation ; et à la vérité il est étrange que celui qui veut introduire une nouvelle forme d'éducation et qui pense que, par ce moyen, la cité deviendra honnête, s'imagine la redresser par de telles dispositions et non par les coutumes, la philosophie et les lois, à la façon du législateur qui, par les *syssities*[30], a instauré une communauté des biens à Lacédémone et en Crète.

30. Voir *Lexique – 2. Vocabulaire des institutions.*

[1264 a] θέτης ἐκοίνωσε. 16 Δεῖ δὲ μηδὲ τοῦτο αὐτὸ ἀγνοεῖν, ὅτι χρὴ προσέχειν τῷ πολλῷ χρόνῳ καὶ τοῖς πολλοῖς ἔτεσιν, ἐν οἷς οὐκ ἂν ἔλαθεν, εἰ ταῦτα καλῶς εἶχεν· πάντα γὰρ σχεδὸν εὕρηται μέν, ἀλλὰ τὰ μὲν οὐ συνῆκται, τοῖς δ' οὐ χρῶνται γινώσκοντες. 17 Μάλιστα δ' ἂν γένοιτο φανερόν, εἴ τις τοῖς ἔργοις ἴδοι τὴν τοιαύτην πολιτείαν κατασκευαζομένην· οὐ γὰρ δυνήσεται μὴ μερίζων αὐτὰ καὶ χωρίζων ποιῆσαι τὴν πόλιν, τὰ μὲν εἰς συσσίτια τὰ δὲ εἰς φατρίας καὶ φυλάς. Ὥστε οὐδὲν ἄλλο συμβήσεται νενομοθετημένον πλὴν μὴ γεωργεῖν τοὺς φύλακας· ὅπερ καὶ νῦν Λακεδαιμόνιοι ποιεῖν ἐπιχειροῦσιν. 18 Οὐ μὴν ἀλλ' οὐδὲ ὁ τρόπος τῆς ὅλης πολιτείας τίς ἔσται τοῖς κοινωνοῦσιν, οὔτ' εἴρηκεν ὁ Σωκράτης οὔτε ῥᾴδιον εἰπεῖν. Καίτοι σχεδὸν τό γε πλῆθος τῆς πόλεως τὸ τῶν ἄλλων πολιτῶν γίνεται πλῆθος, περὶ ὧν οὐδὲν διώρισται, πότερον καὶ τοῖς γεωργοῖς κοινὰς εἶναι δεῖ τὰς κτήσεις ἢ καὶ καθ' ἕκαστον ἰδίας, ἔτι δὲ καὶ γυναῖκας καὶ παῖδας ἰδίους ἢ κοινούς. 19 Εἰ μὲν γὰρ τὸν αὐτὸν τρόπον κοινὰ πάντα πάντων, τί διοίσουσιν οὗτοι ἐκείνων τῶν φυλάκων; ἢ τί πλεῖον τοῖς ὑπομένουσι τὴν ἀρχὴν αὐτῶν; ἢ τί μαθόντες ὑπομενοῦσι τὴν ἀρχήν, ἐὰν μή τι σοφίζωνται τοιοῦτον οἷον Κρῆτες; ἐκεῖνοι γὰρ τἆλλα ταὐτὰ τοῖς δούλοις ἐφέντες μόνον ἀπειρήκασι τὰ γυμνάσια καὶ τὴν τῶν ὅπλων κτῆσιν. 20 Εἰ δέ, καθάπερ ἐν ταῖς ἄλλαις πόλεσι, καὶ παρ' ἐκείνοις ἔσται τὰ

31. Voir *Pol.*, VII, 10, 1329 b 25-35 : toutes les institutions politiques ont déjà été inventées un nombre infini de fois au cours du temps, toutes sont anciennes, et il ne reste plus rien d'essentiel à inventer en ces matières. *Cf.* l'analyse de Bodéüs (1991), pp. 86-87.

16 On ne doit pas non plus ignorer cela même : qu'il faut être attentif à la longue durée et aux nombreuses années pendant lesquelles cette façon de procéder, si elle avait été satisfaisante, ne serait pas demeurée inconnue. Car on a presque tout découvert, mais certaines choses n'ont pas abouti, quant aux autres, bien qu'elles soient connues, elles n'ont pas été utilisées[31]. **17** Cela deviendrait tout à fait évident si l'on voyait une telle constitution établie dans les faits. Car on ne pourra faire la cité si on ne divise pas et si on ne sépare pas ses composants, en *syssities* d'une part, en phratries et en tribus d'autre part. De telle sorte que rien d'autre ne s'ajoutera à ce qui a été établi par la loi, excepté le fait que les gardiens ne doivent pas cultiver la terre, ce que les Lacédémoniens aujourd'hui aussi s'efforcent de faire.

18 Cependant, quelle sera la tournure du régime dans son entier pour ceux qui prennent part à la communauté, Socrate en vérité n'en a pas parlé, et il n'est pas facile de le dire. Et certes la presque totalité de la cité est constituée de la masse des autres citoyens au sujet desquels rien n'est clairement déterminé : faut-il que les biens soient communs aussi pour les agriculteurs ou qu'ils soient propres à chacun, et en outre faut-il que les femmes et les enfants leur appartiennent en propre ou soient communs ?

19 Si en effet tout est commun à tous de la même manière, en quoi ceux-ci différeront-ils des gardiens ? Quant à ceux qui supportent l'autorité de ces derniers, que gagneront-ils de plus ? Pourquoi supportent-ils leur autorité, et à quoi pensent-ils en s'y soumettant, à moins qu'on ne développe des arguments sophistiques à la manière des Crétois ? Ceux-ci, en effet, bien que concédant à leurs esclaves les mêmes droits qu'à eux-mêmes, leur interdisent du moins les exercices du gymnase et la possession des armes.

20 Si au contraire, pour de semblables matières, il en est chez eux comme dans les autres cités, quelle tour-

τοιαῦτα, τίς ὁ τρόπος ἔσται τῆς κοινωνίας; ἐν μιᾷ γὰρ πόλει δύο πόλεις ἀναγκαῖον εἶναι, καὶ ταύτας ὑπεναντίας ἀλλήλαις, ποιεῖ γὰρ τοὺς μὲν φύλακας οἷον φρουρούς, τοὺς δὲ γεωργοὺς καὶ τοὺς τεχνίτας καὶ τοὺς ἄλλους πολίτας. 21 Ἐγκλήματα δὲ καὶ δίκαι, καὶ ὅσα ἄλλα ταῖς πόλεσιν ὑπάρχειν φησὶ κακά, πάνθ' ὑπάρξει καὶ τούτοις. Καίτοι λέγει ὁ Σωκράτης ὡς οὐ πολλῶν δεήσονται νομίμων διὰ τὴν παιδείαν, οἷον ἀστυνομικῶν καὶ ἀγορανομικῶν καὶ τῶν ἄλλων τῶν τοιούτων, ἀποδιδοὺς μόνον τὴν παιδείαν τοῖς φύλαξιν. 22 Ἔτι δὲ κυρίους ποιεῖ τῶν κτημάτων τοὺς γεωργοὺς ἀποφορὰν φέροντας· ἀλλὰ πολὺ μᾶλλον εἰκὸς εἶναι χαλεποὺς καὶ φρονημάτων πλήρεις ἢ τὰς παρ' ἐνίοις εἱλωτείας τε καὶ πενεστείας καὶ δουλείας. 23 Ἀλλὰ γὰρ εἴτ' ἀναγκαῖα ταῦθ' ὁμοίως εἴτε μή, νῦν γ' οὐδὲν διώρισται καὶ περὶ τῶν ἐχομένων, τίς ἡ τούτων τε πολιτεία καὶ παιδεία καὶ νόμοι τίνες. Ἔστι δ' οὔθ' εὑρεῖν ῥᾴδιον, οὔτε τὸ διαφέρον μικρόν, τὸ ποίους τινὰς εἶναι τούτους πρὸς τὸ σῴζεσθαι τὴν τῶν φυλάκων κοινωνίαν. 24 Ἀλλὰ [1264 b] μὴν εἴ γε τὰς μὲν γυναῖκας ποιήσει κοινὰς τὰς δὲ κτήσεις ἰδίας, τίς οἰκονομήσει ὥσπερ τὰ ἐπὶ τῶν ἀγρῶν οἱ ἄνδρες αὐτῶν, κἂν εἰ κοιναὶ αἱ κτήσεις καὶ αἱ τῶν γεωργῶν γυναῖκες; Ἄτοπον δὲ καὶ τὸ ἐκ τῶν θηρίων ποιεῖσθαι τὴν παραβολήν, ὅτι δεῖ τὰ αὐτὰ ἐπιτηδεύειν τὰς γυναῖκας τοῖς ἀνδράσιν, οἷς οἰκονομίας οὐδὲν μέτεστιν. 25 Ἐπισφαλὲς δὲ καὶ

32. *Rép.*, IV, 425 b-d.

33. *Rép.*, III, 416 e ; V, 464 c. Dans ces textes Platon n'utilise précisément pas le terme technique d'*apophora* (voir *Lexique – 2. Vocabulaire des institutions*), préférant parler de *misthos tès phulakès* ; de rémunération pour la garde.

34. Voir *Lexique – 2. Vocabulaire des institutions. Cf.* Y. Garlan (1995).

nure aura leur communauté ? Dans une cité une, en effet, il est nécessaire qu'il y ait deux cités, et en outre opposées l'une à l'autre, car il rend les gardiens semblables à une garnison défensive, et < fait > des agriculteurs, des artisans et des autres, les citoyens.

21 Les chefs d'accusations, et aussi les procès, et combien d'autres < choses > qu'il dit être des maux pour les cités, tous existeront aussi pour ceux-ci. Et certes Socrate déclare que, grâce à leur éducation, ils n'auront pas besoin de nombreuses règles : par exemple celles qui touchent à la police urbaine, à la tenue des marchés et aux autres questions du même genre[32] ; et cependant il ne donne l'éducation qu'aux gardiens. **22** De plus, il rend les agriculteurs maîtres de leurs biens à condition de payer une redevance[33], mais il est vraisemblable qu'ils seront beaucoup plus difficiles à supporter et pleins d'arrogance que ne le sont dans certaines < cités > les hilotes, les pénestes et les esclaves[34].

23 Mais, en effet, que cette réglementation soit ou non nécessaire en l'état, rien ne le montre avec précision, et de même au sujet de ce qui s'y rattache : quel est le régime < sous lequel ils vivent > ? quelle est leur éducation ? quelles sont leurs lois ? Et de même il n'est pas facile de découvrir quelle espèce d'hommes ils sont, et ce n'est pas de peu d'importance pour préserver la communauté des gardiens.

24 Certes, en vérité, tandis qu'on fait en sorte que les femmes soient communes, les biens cependant restent privés : alors qui se chargera de l'administration de la maison comme les hommes sont chargés des travaux des champs ? et qu'en sera-t-il si les biens et les femmes des agriculteurs sont communs ? Absurde également, par une comparaison avec les bêtes, qui n'ont aucune part à l'administration des affaires d'une maison, de dire que les femmes doivent avoir les mêmes occupations que les hommes[35].

35. *Rép.*, V, 451 d.

τοὺς ἄρχοντας ὡς καθίστησιν ὁ Σωκράτης· ἀεὶ γὰρ ποιεῖ τοὺς αὐτοὺς ἄρχοντας· τοῦτο δὲ στάσεως αἴτιον γίνεται καὶ παρὰ τοῖς μηδὲν ἀξίωμα κεκτημένοις, ἤπουθεν δὴ παρά γε θυμοειδέσι καὶ πολεμικοῖς ἀνδράσιν. 26 Ὅτι δ' ἀναγκαῖον αὐτῷ ποιεῖν τοὺς αὐτοὺς ἄρχοντας, φανερόν· οὐ γὰρ ὁτὲ μὲν ἄλλοις ὁτὲ δὲ ἄλλοις μέμικται ταῖς ψυχαῖς ὁ παρὰ τοῦ θεοῦ χρυσός, ἀλλ' ἀεὶ τοῖς αὐτοῖς· φησὶ δὲ τοῖς μὲν εὐθὺς γινομένοις μῖξαι χρυσόν, τοῖς δ' ἄργυρον, χαλκὸν δὲ καὶ σίδηρον τοῖς τεχνίταις μέλλουσιν ἔσεσθαι καὶ γεωργοῖς. 27 Ἔτι δὲ καὶ τὴν εὐδαιμονίαν ἀφαιρούμενος τῶν φυλάκων, ὅλην φησὶ δεῖν εὐδαίμονα ποιεῖν τὴν πόλιν τὸν νομοθέτην. Ἀδύνατον δὲ εὐδαιμονεῖν ὅλην, μὴ τῶν πλείστων ἢ μὴ πάντων μερῶν ἢ τινῶν ἐχόντων τὴν εὐδαιμονίαν· οὐ γὰρ τῶν αὐτῶν τὸ εὐδαιμονεῖν ὧνπερ τὸ ἄρτιον· τοῦτο μὲν γὰρ ἐνδέχεται τῷ ὅλῳ ὑπάρχειν, τῶν δὲ μερῶν μηδετέρῳ, τὸ δὲ εὐδαιμονεῖν ἀδύνατον. 28 Ἀλλὰ μὴν εἰ οἱ φύλακες μὴ εὐδαίμονες, τίνες ἕτεροι; οὐ γὰρ δὴ οἵ γε τεχνῖται καὶ τὸ πλῆθος τὸ τῶν βαναύσων. Ἡ μὲν οὖν πολιτεία περὶ ἧς ὁ Σωκράτης εἴρηκεν ταύτας τε τὰς ἀπορίας ἔχει καὶ τούτων οὐκ ἐλάττους ἑτέρας.

VI. 1 Σχεδὸν δὲ παραπλησίως καὶ τὰ περὶ τοὺς νόμους ἔχει τοὺς ὕστερον γραφέντας· διὸ καὶ περὶ τῆς ἐνταῦθα πολιτείας ἐπισκέψασθαι μικρὰ βέλτιον. Καὶ γὰρ ἐν τῇ πολιτείᾳ περὶ

36. *Rép.*, III, 413 c - 414 a ; 415 a-d.

37. Pour expliquer la brièveté de cet examen – mais aussi, d'une certaine façon, la ressemblance entre les *Lois* et les livres VII et VIII de la *Politique* –, R. Bodéüs ([1991], pp. 147-152) fait l'hypothèse que les *Lois* auraient été écrites pour répondre aux objections d'Aristote, qui se serait vu contraint d'ajouter à sa critique de la *République* « un court morceau consacré à un ouvrage que Platon avait composé depuis » (*op. cit.*, p. 150). Va également dans le sens de la lecture de R. Bodéüs, pour qui les remarques d'Aristote (1263 b 29-35) « visent »

25 Pareillement hasardeux d'établir les magistrats à la façon de Socrate : car c'est toujours avec les mêmes qu'il fait des magistrats ; or cela est une cause de sédition chez ceux qui n'ont obtenu aucune dignité, ou bien du moins chez les hommes intrépides et belliqueux. **26** Mais qu'il lui soit nécessaire de faire des magistrats avec les mêmes hommes, cela est clair : car ce n'est pas tantôt chez les uns, tantôt chez les autres que l'or qui vient des dieux est mêlé aux âmes, mais toujours chez les mêmes ; il dit encore que c'est dès leur naissance que chez certains l'or a été mêlé, chez d'autres l'argent, et le bronze et le fer chez ceux qui sont destinés à être des gens de métier ou des agriculteurs[36]. **27** Et de plus il prive les gardiens même de bonheur, tout en déclarant que le législateur doit rendre heureuse la cité tout entière. Il est cependant impossible qu'elle soit tout entière heureuse si le plus grand nombre de ses parties sinon toutes, ou même certaines ne possèdent pas le bonheur ; car pour elles le bonheur n'est pas comme le pair : celui-ci, en effet, peut échoir au tout et cependant < n'échoir à > aucune de ses parties ; pourtant, pour le bonheur, c'est impossible. **28** Mais bien certainement si les gardiens ne sont pas heureux, qui d'autre le sera ? Car certes ce ne sera pas les gens de métier ni la masse des travailleurs manuels. La constitution dont Socrate a parlé est donc porteuse de ces difficultés et d'autres qui ne leur sont pas inférieures.

VI 1 Il en est également à peu près de même en ce qui concerne les *Lois* qui ont été écrites plus tard ; c'est pourquoi il vaut mieux se livrer aussi à un rapide examen de la constitution qui s'y trouve[37]. Car aussi bien,

essentiellement « l'éducation » (p. 151), l'importance que, dans le *Timée* et le *Critias*, Platon accorde à la *paideia* pour préserver la rectitude d'une constitution et éviter la déchéance des cités. Sur ce point, *cf.* Desclos (1996).

ὀλίγων πάμπαν διώρικεν ὁ Σωκράτης, περί τε γυναικῶν καὶ τέκνων κοινωνίας, πῶς ἔχειν δεῖ, καὶ περὶ κτήσεως, καὶ τῆς πολιτείας τὴν τάξιν· 2 διαιρεῖται γὰρ εἰς δύο μέρη τὸ πλῆθος τῶν οἰκούντων, τὸ μὲν εἰς τοὺς γεωργούς, τὸ δὲ εἰς τὸ προπολεμοῦν μέρος, τρίτον δ' ἐκ τούτων τὸ βουλευόμενον καὶ κύριον τῆς πόλεως. 3 Περὶ δὲ τῶν γεωργῶν καὶ τῶν τεχνιτῶν, πότερον οὐδεμιᾶς ἢ μετέχουσί τινος ἀρχῆς, καὶ πότερον ὅπλα δεῖ κεκτῆσθαι καὶ τούτους καὶ συμπολεμεῖν ἢ μή, περὶ τούτων οὐδὲν διώρικεν ὁ Σωκράτης, ἀλλὰ τὰς μὲν γυναῖκας οἴεται δεῖν συμπολεμεῖν καὶ παιδείας μετέχειν τῆς αὐτῆς τοῖς φύλαξιν, τὰ δ' ἄλλα τοῖς ἔξωθεν λόγοις πεπλήρωκε τὸν λόγον καὶ περὶ τῆς παιδείας ποίαν τινὰ δεῖ γίνεσθαι [1265 a] τῶν φυλάκων. 4 Τῶν δὲ νόμων τὸ μὲν πλεῖστον μέρος νόμοι τυγχάνουσιν ὄντες, ὀλίγα δὲ περὶ τῆς πολιτείας εἴρηκεν, καὶ ταύτην βουλόμενος κοινοτέραν ποιεῖν ταῖς πόλεσι, κατὰ μικρὸν περιάγει πάλιν πρὸς τὴν ἑτέραν πολιτείαν. 5 Ἔξω γάρ τῆς τῶν γυναικῶν κοινωνίας καὶ τῆς κτήσεως, τὰ ἄλλα ταὐτὰ ἀποδίδωσιν ἀμφοτέραις ταῖς πολιτείαις· καὶ γὰρ παιδείαν τὴν αὐτήν, καὶ τὸ τῶν ἔργων τῶν ἀναγκαίων ἀπεχομένους ζῆν, καὶ περὶ συσσιτίων ὡσαύτως. Πλὴν ἐν ταύτῃ φησὶ δεῖν εἶναι συσσίτια καὶ γυναικῶν, καὶ τὴν μὲν χιλίων τῶν ὅπλα κεκτημένων, ταύτην δὲ πεντακισχιλίων. 6 Τὸ μὲν οὖν περιττὸν ἔχουσι πάντες οἱ τοῦ Σωκράτους λόγοι καὶ τὸ

38. Sur cette *taxis tès politeias*, *cf.* E. Lévy, « *Politeia* et *politeuma* chez Aristote », in *Aristote et Athènes*, pp. 80-81.

39. C'est-à-dire celle de la *République*.

dans la *République*, Socrate n'a donné une explication détaillée que de très peu de choses, à savoir, au sujet de la communauté des femmes et des enfants – comment il faut s'y prendre – également au sujet des biens, et en ce qui concerne l'organisation du régime[38]. **2** Il divise en effet la masse des habitants en deux parties, l'une composée d'agriculteurs, l'autre des défenseurs ; enfin, issu de ces derniers, un troisième < groupe > : celui qui délibère et exerce un pouvoir souverain sur la cité. **3** Pour ce qui est des agriculteurs et des gens de métier, participent-ils ou non à un quelconque pouvoir ? Doivent-ils posséder des armes, prendre part eux aussi à la guerre, ou non ? Sur cela Socrate n'a rien dit, mais il estime que les femmes doivent prendre part à la guerre et partager la même éducation que les gardiens ; pour le reste il a rempli son ouvrage de digressions étrangères au sujet, comme celle qui concerne la nature de l'éducation qu'il faut dispenser aux gardiens.

4 Et de même la plus grande partie des *Lois* se trouve justement être des lois, mais au sujet de la constitution il a dit peu de choses, et bien qu'il veuille la rendre plus accessible aux cités, il la fait insensiblement évoluer vers l'autre constitution[39]. **5** Car, hormis la communauté des femmes et des biens, pour le reste il attribue les mêmes prescriptions à l'une et l'autre constitutions ; et en effet, c'est la même éducation, la même vie pour ceux qui s'abstiennent des tâches contraignantes, et il en est de même pour les *syssities*. Si ce n'est que, dans cette constitution-ci il soutient qu'il doit y avoir des *syssities* aussi pour les femmes et que, tandis qu'ils étaient mille à posséder des armes, ils sont ici cinq mille[40].

6 Tous les discours de Socrate ont sans aucun doute de la nouveauté, de la hauteur, de l'élégance, et montrent

40. Sur les *syssities* des femmes, voir *Lois*, VI, 781 a-d ; sur les cinq mille citoyens portant les armes (en fait 5040), *Lois* V, 737 e.

κομψὸν καὶ τὸ καινοτόμον καὶ τὸ ζητητικόν, καλῶς δὲ πάντα ἴσως χαλεπόν, ἐπεὶ καὶ τὸ νῦν εἰρημένον πλῆθος δεῖ μὴ λανθάνειν ὅτι χώρας δεήσει τοῖς τοσούτοις Βαβυλωνίας ἤ τινος ἄλλης ἀπεράντου τὸ πλῆθος, ἐξ ἧς ἀργοὶ πεντακισχίλιοι θρέψονται, καὶ περὶ τούτους γυναικῶν καὶ θεραπόντων ἕτερος ὄχλος πολλαπλάσιος. 7 Δεῖ μὲν οὖν ὑποτίθεσθαι κατ' εὐχήν, μηδὲν μέντοι ἀδύνατον. Λέγεται δ' ὡς δεῖ τὸν νομοθέτην πρὸς δύο βλέποντα τιθέναι τοὺς νόμους, πρός τε τὴν χώραν καὶ τοὺς ἀνθρώπους. Ἔτι δὲ καλῶς ἔχει προσθεῖναι καὶ πρὸς τοὺς γειτνιῶντας τόπους, πρῶτον μὲν εἰ δεῖ τὴν πόλιν ζῆν βίον πολιτικόν, μὴ μονωτικόν· οὐ γὰρ μόνον ἀναγκαῖόν ἐστιν αὐτὴν τοιούτοις χρῆσθαι πρὸς τὸν πόλεμον ὅπλοις ἃ χρήσιμα κατὰ τὴν οἰκείαν χώραν ἐστιν, ἀλλὰ καὶ πρὸς τοὺς ἔξω τόπους· 8 εἰ δέ τις μὴ τοιοῦτον ἀποδέχεται βίον, μήτε τὸν ἴδιον μήτε τὸν κοινὸν τῆς πόλεως, ὅμως οὐδὲν ἧττον δεῖ φοβεροὺς εἶναι τοῖς πολεμίοις, μὴ μόνον ἐλθοῦσιν εἰς τὴν χώραν ἀλλὰ καὶ ἀπελθοῦσιν. Καὶ τὸ πλῆθος δὲ τῆς κτήσεως ὁρᾶν δεῖ, μή ποτε βέλτιον ἑτέρως διορίσαι τῷ σαφῶς μᾶλλον· τοσαύτην γὰρ εἶναί φησι δεῖν ὥστε ζῆν σωφρόνως, ὥσπερ ἂν εἴ τις εἶπεν ὥστε ζῆν εὖ· 9 τοῦτο γάρ ἐστι καθόλου μᾶλλον, ἔτι δ' ἔστι σωφρόνως μὲν ταλαιπώρως δὲ ζῆν· ἀλλὰ βελτίων ὅρος τὸ σωφρόνως καὶ ἐλευθερίως (χωρὶς γὰρ ἑκάτερον τὸ μὲν τῷ τρυφᾶν ἀκολουθήσει, τὸ δὲ τῷ ἐπιπόνως), ἐπεὶ μόναι γ'

41. Comme le fait remarquer Bertelli (1977), p. 44-45, les termes choisis par Aristote « pour vanter les mérites des *logoi sokratikoi* [...] ont tous une signification ambivalente ». Voir *Lexique – 3. Vocabulaire philosophique* : *to peritton* [hauteur], *to kompson* [élégance], *to kainotomon* [nouveauté], *to zetetikon* [amour de la recherche].

42. *Lois*, V, 737 d.

l'amour de la recherche[41], mais il est difficile de bien parler également de tout car, pour la masse de ceux dont on vient de parler, il ne faut pas se cacher qu'elle aura besoin, pour des gens en aussi grand nombre, du territoire de Babylone ou de quelque autre espace d'une étendue démesurée d'où cinq mille oisifs tireront leur nourriture, ainsi que cette autre multitude, plusieurs fois aussi grande, des femmes et des serviteurs qui gravitent autour d'eux. **7** Il faut sans doute poser des principes conformes à nos vœux, mais en tout cas rien d'impossible. Or on dit que le législateur doit instituer les lois en gardant les yeux fixés sur deux choses : sur le territoire et sur les êtres humains. Et en outre, il est bon d'ajouter : également sur les contrées voisine, si l'on admet d'abord que la cité doit vivre la vie d'une cité et non d'un solitaire ; car il n'est pas seulement nécessaire qu'elle se serve pour la guerre d'armes telles, qu'elles soient utiles sur son territoire, mais aussi contre les territoires étrangers. **8** Même si on n'accepte pas une telle vie, ni pour un simple particulier, ni pour l'ensemble de la cité, on n'en doit pourtant pas moins être redoutables à ses ennemis, non seulement quand ils envahissent le territoire, mais aussi quand ils le quittent. Quant à l'étendue de la propriété, il faut voir s'il ne serait pas mieux de la déterminer différemment, c'est-à-dire plus clairement : il dit en effet qu'elle doit être telle qu'on puisse vivre avec modération[42], comme si l'on voulait dire par là « vivre bien »[43].

9 Ce qui, en effet, est trop général ; et, de surcroît, il est possible de vivre avec modération mais misérablement. En revanche voilà une meilleure définition : vivre avec modération et libéralité (car séparées < l'une de l'autre >, celle-ci se laissera conduire par une molle las-

43. *Cf.* M. C. Nussbaum, « Nature, Function and Capability . Aristotle on Political Distribution », in *Aristoteles « Politik »*, pp. 156-161.

εἰσὶν ἕξεις αἱρεταὶ περὶ τὴν τῆς οὐσίας χρῆσιν αὗται, οἷον οὐσίᾳ πράως ἢ ἀνδρείως χρῆσθαι οὐκ ἔστιν, σωφρόνως δὲ καὶ ἐλευθερίως ἔστιν, ὥστε καὶ τὰς ἕξεις ἀναγκαῖον περὶ αὐτὴν εἶναι ταύτας. **10** Ἄτοπον δὲ καὶ τὸ τὰς κτήσεις ἰσάζοντα τὸ περὶ τὸ πλῆθος τῶν πολιτῶν μὴ κατασκευάζειν, ἀλλ' ἀφεῖναι τὴν τεκνοποιίαν ἀόριστον ὡς ἱκανῶς ἂν ὁμαλισθησομένην εἰς τὸ αὐτὸ πλῆθος διὰ τὰς ἀτεκνίας ὁσωνοῦν γεννωμένων, [1265 b] ὅτι δοκεῖ τοῦτο καὶ νῦν συμβαίνειν περὶ τὰς πόλεις. **11** Δεῖ δὲ τοῦτ' οὐχ ὁμοίως ἀκριβῶς ἔχειν περὶ τὰς πόλεις τότε καὶ νῦν· νῦν μὲν γὰρ οὐδεὶς ἀπορεῖ διὰ τὸ μερίζεσθαι τὰς οὐσίας εἰς ὁποσονοῦν πλῆθος, τότε δὲ ἀδιαιρέτων οὐσῶν ἀνάγκη τοὺς παράζυγας μηδὲν ἔχειν, ἐάν τ' ἐλάττους ὦσι τὸ πλῆθος ἐάν τε πλείους. **12** Μᾶλλον δὲ δεῖν ὑπολάβοι τις ἂν ὡρίσθαι τῆς οὐσίας τὴν τεκνοποιίαν, ὥστε ἀριθμοῦ τινὸς μὴ πλείονα γεννᾶν· τοῦτο δὲ τιθέναι τὸ πλῆθος ἀποβλέποντα πρὸς τὰς τύχας, ἂν συμβαίνῃ τελευτᾶν τινας τῶν γεννηθέντων, καὶ πρὸς τὴν τῶν ἄλλων ἀτεκνίαν. **13** Τὸ δ' ἀφεῖσθαι, καθάπερ ἐν ταῖς πλείσταις πόλεσι, πενίας ἀναγκαῖον αἴτιον γίνεσθαι τοῖς πολίταις, ἡ δὲ πενία στάσιν ἐμποιεῖ καὶ κακουργίαν. Φείδων μὲν οὖν ὁ Κορίνθιος, ὢν νομοθέτης τῶν ἀρχαιοτάτων, τοὺς

44. Sans libéralité, celui qui vit *sôphronôs*, péchant par défaut, ferait preuve d'une « insensibilité qui n'a rien d'humain » (*Éth. Nic.*, III, 14, 1119 a 5-10), tandis que, sans modération, péchant par excès, il deviendrait l'un de ces « prodigues <qui> sont aussi des hommes déréglés, car ils sont facilement dépensiers et gaspilleurs pour leurs débauches, et, faute de mener une vie conforme au bien, s'abandonnent à tous les plaisirs » (*Éth. Nic.*, IV, 3, 1121 b 5-10).

civité, celle-là par une rudesse laborieuse[44]), puisque ce sont les seules dispositions souhaitables en ce qui concerne l'usage de son patrimoine ; il n'est pas possible d'user de son patrimoine avec douceur ou avec courage, mais on peut le faire avec modération et libéralité, de telle sorte que, dans ce domaine, ce sont ces dispositions qu'il faut avoir.

10 Absurde également l'égalisation des biens sans régulation de la quantité des citoyens : en laissant aller la procréation sans la limiter, comme si les unions stériles devaient suffire à stabiliser cette même quantité aussi nombreux que soient les enfants engendrés parce que, maintenant encore, cela semble se réaliser dans les cités. **11** Voilà pourtant qui doit être traité avec une rigueur différente de ce qui valait pour les cités d'hier ou d'aujourd'hui ; maintenant, en effet, personne n'est dans le besoin en raison du partage de la richesse entre la masse des citoyens, quel que soit leur nombre ; or, dans l'autre cas, la richesse étant indivisible[45], c'est une nécessité que ceux qui sont en surnombre n'aient rien, que leur quantité soit plus ou moins grande. **12** On concevrait qu'il faille limiter la procréation plutôt que le patrimoine, de sorte que les naissances n'excèdent pas un certain nombre ; nombre qu'il faudrait fixer en prenant en considération les événements fortuits – il arrive que certains enfants décèdent – et la stérilité d'autres familles.

13 Le laisser aller cependant, comme dans de très nombreuses cités, est nécessairement cause de pauvreté pour les citoyens, or la pauvreté engendre sédition et criminalité. Et, effectivement, Pheidôn de Corinthe, l'un des premiers législateurs, pensa que les propriétés et le

45. Les propriétés ne sont divisibles ni par testament (*Lois*, V, 740 b), ni par vente (741 b), ni d'autre manière (742 c), ni par l'État (IX, 855 a ss. ; 856 d-e ; X, 909 c ss.).

οἴκους ἴσους ᾠήθη δεῖν διαμένειν καὶ τὸ πλῆθος τῶν πολιτῶν, καὶ εἰ τὸ πρῶτον τοὺς κλήρους ἀνίσους εἶχον πάντες κατὰ μέγεθος· ἐν δὲ τοῖς νόμοις τούτοις τοὐναντίον ἐστίν. 14 Ἀλλὰ περὶ μὲν τούτων πῶς οἰόμεθα βέλτιον ἂν ἔχειν, λεκτέον ὕστερον· ἐλλέλειπται δὲ τοῖς νόμοις τούτοις καὶ τὰ περὶ τοὺς ἄρχοντας πῶς ἔσονται διαφέροντες τῶν ἀρχομένων· φησὶ γὰρ δεῖν, ὥσπερ ἐξ ἑτέρου τὸ στημόνιον ἐρίου γίνεται τῆς κρόκης, οὕτω καὶ τοὺς ἄρχοντας ἔχειν δεῖν πρὸς τοὺς ἀρχομένους. 15 Ἐπεὶ δὲ τὴν πᾶσαν οὐσίαν ἐφίησι γίνεσθαι μείζονα μέχρι πενταπλασίας, διὰ τί τοῦτ' οὐκ ἂν εἴη ἐπὶ τῆς γῆς μέχρι τινός; καὶ τὴν τῶν οἰκοπέδων δὲ διαίρεσιν δεῖ σκοπεῖν, μή ποτ' οὐ συμφέρει πρὸς οἰκονομίαν· δύο γὰρ οἰκόπεδα ἑκάστῳ ἔνειμε διελὼν χωρίς, χαλεπὸν δὲ οἰκίας δύο οἰκεῖν. 16 Ἡ δὲ σύνταξις ὅλη βούλεται μὲν εἶναι μήτε δημοκρατία μήτε ὀλιγαρχία, μέση δὲ τούτων, ἣν καλοῦσι πολιτείαν· ἐκ γὰρ τῶν ὁπλιτευόντων ἐστίν. Εἰ μὲν οὖν ὡς κοινοτάτην ταύτην κατασκευάζει ταῖς πόλεσι τῶν ἄλλων πολιτειῶν, καλῶς εἴρηκεν ἴσως· εἰ δ' ὡς ἀρίστην μετὰ τὴν πρώτην πολιτείαν, οὐ καλῶς· τάχα γὰρ τὴν τῶν Λακώνων ἄν τις ἐπαινέσειε μᾶλλον, ἢ κἂν ἄλλην τινὰ ἀριστοκρατικωτέραν. 17 Ἔνιοι μὲν οὖν λέγουσιν ὡς δεῖ τὴν ἀρίστην πολιτείαν ἐξ ἁπασῶν εἶναι τῶν πολιτειῶν μεμειγμένην, διὸ καὶ τὴν τῶν Λακεδαιμονίων ἐπαινοῦσιν· εἶναι γὰρ αὐτὴν οἱ μὲν ἐξ ὀλιγαρχίας καὶ μοναρχίας καὶ δημοκρατίας φασίν, λέγοντες τὴν μὲν βασιλείαν μοναρχίαν, τὴν δὲ τῶν γερόντων ἀρχὴν ὀλιγαρχίαν, δημοκρατεῖσθαι δὲ κατὰ τὴν τῶν ἐφόρων ἀρχὴν διὰ τὸ ἐκ τοῦ δήμου εἶναι τοὺς

46. *Pol.*, VII, 16, 1335 b 19-26.

47. *Lois*, V, 734 e - 735 a.

48. En *Lois*, V, 744 e on lit cependant : « en le [il s'agit du lot initial de terre] prenant pour unité, le législateur permettra d'en acquérir le double, le triple et jusqu'au quadruple ». On a expliqué cette différence entre le texte de Platon et celui d'Aristote en supposant qu'Aristote prenait en compte le lot initial en sus de ses multiples.

nombre des citoyens devaient rester égaux même si, d'abord, tous avaient des lots de terre d'inégale grandeur ; dans les *Lois*, pourtant, c'est le contraire

14 Mais sur ces points, sur ce que nous pensons être la meilleure solution, il faudra parler plus tard[46]. Dans ses *Lois* il a aussi négligé ce en quoi les gouvernants différeront des gouvernés ; il dit en effet que, tout comme la chaîne est faite d'une autre laine que la trame, il doit en être de même des gouvernants à l'égard des gouvernés[47]. **15** Or, puisqu'il permet que le patrimoine total s'accroisse jusqu'au quintuple[48], pour quelle raison ne serait-ce pas possible jusqu'à un certain point pour la terre ? Il faut aussi examiner la répartition des emplacements, si jamais elle ne nuit pas à l'intérêt de l'administration domestique ; il a en effet attribué à chacun deux emplacements séparés et distincts[49], or il est difficile d'administrer deux domaines.

16 L'organisation, dans son ensemble, ne veut être ni une démocratie ni une oligarchie, mais une moyenne entre ces deux-là, qu'on appelle *politie* car elle est composée d'hoplites. Si donc il l'a échafaudée de telle sorte que, plus que les autres types constitutionnels, elle soit accessible aux cités, peut-être a-t-il bien parlé ; mais s'il la regarde comme la meilleure après sa première constitution, il n'a pas bien parlé ; probablement, en effet, approuverait-on davantage < le régime > des Laconiens, ou quelque autre plus aristocratique. **17** Sans doute certains disent-ils que le meilleur régime doit être un mélange issu de tous les types constitutionnels, et c'est pourquoi ils approuvent celui des Lacédémoniens ; ils disent en effet qu'il est issu de l'oligarchie, de la monarchie et de la démocratie, déclarant que, par la royauté c'est une monarchie, par la magistrature des gérontes, une oligarchie, et qu'elle est un gouvernement démocra-

49. *Lois*, V, 745 c-e.

ἐφόρους· οἱ δὲ τὴν μὲν ἐφορείαν εἶναι τυραννίδα, δημοκρατεῖσθαι δὲ κατά τε τὰ συσσίτια καὶ τὸν ἄλλον βίον τὸν [1266 a] καθ' ἡμέραν. 18 Ἐν δὲ τοῖς νόμοις εἴρηται τούτοις ὡς δέον συγκεῖσθαι τὴν ἀρίστην πολιτείαν ἐκ δημοκρατίας καὶ τυραννίδος, ἃς ἢ τὸ παράπαν οὐκ ἄν τις θείη πολιτείας ἢ χειρίστας πασῶν. Βέλτιον οὖν λέγουσιν οἱ πλείους μιγνύντες· ἡ γὰρ ἐκ πλειόνων συγκειμένη πολιτεία βελτίων. Ἔπειτ' οὐδ' ἔχουσα φαίνεται μοναρχικὸν οὐδέν, ἀλλ' ὀλιγαρχικὰ καὶ δημοκρατικά· μᾶλλον δ' ἐγκλίνειν βούλεται πρὸς τὴν ὀλιγαρχίαν. 19 Δῆλον δὲ ἐκ τῆς τῶν ἀρχόντων καταστάσεως· τὸ μὲν γὰρ ἐξ αἱρετῶν κληρωτοὺς κοινὸν ἀμφοῖν, τὸ δὲ τοῖς μὲν εὐπορωτέροις ἐπάναγκες ἐκκλησιάζειν εἶναι καὶ φέρειν ἄρχοντας ἤ τι ποιεῖν ἄλλο τῶν πολιτικῶν, τοὺς δ' ἀφεῖσθαι, τοῦτο δ' ὀλιγαρχικόν, καὶ τὸ πειρᾶσθαι πλείους ἐκ τῶν εὐπόρων εἶναι τοὺς ἄρχοντας, καὶ τὰς μεγίστας ἐκ τῶν μεγίστων τιμημάτων. 20 Ὀλιγαρχικὴν δὲ ποιεῖ καὶ τὴν τῆς βουλῆς αἵρεσιν· αἱροῦνται μὲν γὰρ πάντες ἐπάναγκες, ἀλλ' ἐκ τοῦ πρώτου τιμήματος, εἶτα πάλιν ἴσους ἐκ τοῦ δευτέρου, εἶτ' ἐκ τῶν τρίτων, πλὴν οὐ πᾶσιν ἐπάναγκες ἦν τοῖς ἐκ τῶν τρίτων ἢ τετάρτων, ἐκ δὲ [τοῦ τετάρτου] τῶν τετάρτων μόνοις ἐπάναγκες τοῖς πρώτοις καὶ τοῖς δευτέροις· 21 εἶτ' ἐκ τούτων ἴσον ἀφ' ἑκάστου

50. Sur les *éphores* et les *gérontes*, voir *Lexique – 2. Vocabulaire des institutions.*

51. Voir *Lois,* III, 693 c-e et IV, 709 e - 711 d.

52. Ainsi les *astynomes* et les *agoranomes* doivent appartenir à la première ou à la deuxième classe censitaire (*Lois,* VI, 763 d-e), et c'est un Gardien-des-lois qui aura en charge l'éducation (VI, 766 b).

tique par la magistrature des éphores puisque les éphores viennent du peuple. D'autres au contraire soutiennent que l'éphorat est une tyrannie, et que c'est par les *syssities* et par une vie différente au jour le jour qu'un gouvernement est démocratique[50].

18 Dans les *Lois* il est dit que le régime le meilleur doit être composé de démocratie et de tyrannie[51], qu'on peut regarder soit comme n'étant absolument pas des constitutions, soit comme les pires de toutes. Sont donc préférables les propos de ceux qui en mélangent le plus grand nombre : car le régime composée du plus grand nombre < de types constitutionnels > est le meilleur. Ensuite il semble qu'il n'a rien de monarchique mais seulement des traits oligarchiques et démocratiques, avec plutôt un penchant pour l'oligarchie. **19** Ce que laisse voir la façon d'instituer les magistrats : les désigner par le sort parmi des gens élus est commun aux deux types constitutionnels, mais contraindre ceux qui ont davantage de ressources à délibérer dans une assemblée et à élire les magistrats, ou à s'acquitter de quelque autre devoir civique, tandis qu'on en décharge les autres, cela est oligarchique, comme aussi chercher à ce que le plus grand nombre de magistrats soit pris parmi ceux qui sont riches[52], et les plus hauts magistrats parmi ceux qui payent le cens le plus élevé[53].

20 Il rend oligarchique également l'élection du Conseil[54] ; certes tous sont obligés de voter, mais seulement pour élire ceux de la première classe du cens, ensuite ceux de la deuxième classe en nombre égal, puis de la troisième, si ce n'est qu'il n'est pas obligatoire pour tous de participer à l'élection de ceux de la troisième et de la quatrième classe ; quant à ceux de la quatrième classe, ce n'est obligatoire que pour les citoyens de la première et de la deuxième classes.

53. *Lois*, VI, 753 b ss., 755 b ss.
54. *Lois*, VI, 756 b-c.

τιμήματος ἀποδεῖξαί φησι δεῖν ἀριθμόν. Ἔσονται δὴ πλείους οἱ ἐκ τῶν μεγίστων τιμημάτων καὶ βελτίους διὰ τὸ ἐνίους μὴ αἱρεῖσθαι τῶν δημοτικῶν διὰ τὸ μὴ ἐπάναγκες. **22** Ὡς μὲν οὖν οὐκ ἐκ δημοκρατίας καὶ μοναρχίας δεῖ συνιστάναι τὴν τοιαύτην πολιτείαν, ἐκ τούτων φανερὸν καὶ τῶν ὕστερον ῥηθησομένων, ὅταν ἐπιβάλλῃ περὶ τῆς τοιαύτης πολιτείας ἡ σκέψις· ἔχει δὲ καὶ περὶ τὴν αἵρεσιν τῶν ἀρχόντων τὸ ἐξ αἱρετῶν αἱρετοὺς ἐπικίνδυνον· εἰ γάρ τινες συστῆναι θέλουσι καὶ μέτριοι τὸ πλῆθος, αἰεὶ κατὰ τὴν τούτων αἱρεθήσονται βούλησιν. Τὰ μὲν οὖν περὶ τὴν πολιτείαν τὴν ἐν τοῖς νόμοις τοῦτον ἔχει τὸν τρόπον.

VII **1** Εἰσὶ δέ τινες πολιτεῖαι καὶ ἄλλαι, αἱ μὲν ἰδιωτῶν αἱ δὲ φιλοσόφων καὶ πολιτικῶν, πᾶσαι δὲ τῶν καθεστηκυιῶν καὶ καθ' ἃς πολιτεύονται νῦν ἐγγύτερόν εἰσι τούτων ἀμφοτέρων. Οὐδεὶς γὰρ οὔτε τὴν περὶ τὰ τέκνα κοινότητα καὶ τὰς γυναῖκας ἄλλος κεκαινοτόμηκεν, οὔτε περὶ τὰ συσσίτια τῶν γυναικῶν, ἀλλ' ἀπὸ τῶν ἀναγκαίων ἄρχονται μᾶλλον. **2** Δοκεῖ γάρ τισι τὸ περὶ τὰς οὐσίας εἶναι μέγιστον τετάχθαι καλῶς· περὶ γὰρ τούτων ποιεῖσθαί φασι τὰς στάσεις πάντας. Διὸ Φαλέας ὁ Χαλκηδόνιος τοῦτ' εἰσήνεγκε πρῶτος· φησὶ γὰρ δεῖν ἴσας εἶναι τὰς κτήσεις τῶν πολιτῶν. **3** Τοῦτο

55. Ce qui est le cas pour l'élection des Conseillers et des Gardiens-des-lois (*Lois*, VI, 753 b).

56. Je donne ici au *kai* de « *philosophôn kai politikôn* » un sens explicatif (*cf.* J. Humbert, *Syntaxe grecque*, Paris, Klincksieck, 1986 [1re éd. 1945], § 725, pp. 412-413 : « La conjonction exprime fréquemment un souci de meilleure *approximation* de la pensée à l'objet. » Elle est alors utilisée pour « laisser le *choix* entre deux dénomi-

21 Il dit ensuite que, parmi ces élus, on doit en désigner un nombre égal issu de chaque classe du cens. Les élus qui sont issus des cens les plus élevés et qui sont les meilleurs seront alors plus nombreux parce que certains parmi les gens du peuple ne voteront pas dans la mesure où ce n'est pas obligatoire.

22 Ainsi, qu'un tel régime ne doive pas être composé de démocratie et de monarchie, voilà qui est rendu évident tant par ce qui précède que par ce qui sera dit ultérieurement, lorsque l'examen d'une tel régime sera abordé. Et de même il est périlleux d'élire des magistrats parmi des citoyens eux-mêmes élus[55] : si certains, même peu nombreux, désirent en effet se coaliser, les élections se dérouleront toujours conformément à leur volonté. Voilà donc ce qu'il en est au sujet de la constitution exposée dans les *Lois*.

VII 1 Il existe certaines autres constitutions qui nous viennent soit de particuliers, soit de philosophes ou, plus exactement, de ceux qui sont versés dans les choses politiques[56], mais toutes sont plus proches de celles qui ont été établies et en vertu desquelles les cités sont effectivement administrées que de ces deux projets. Personne d'autre, en effet, n'a proposé des innovations, ni en ce qui concerne la communauté des enfants et des femmes, ni en ce qui concerne les *syssities* des femmes, mais ils partent plutôt des contraintes de la réalité. **2** Il semble en effet à certains que le plus important c'est que ce qui touche au patrimoine soit bien réglé ; car ils disent que toutes les séditions ont lieu en relation avec ces sujets. C'est pourquoi Phaléas de Chalcédoine a, le premier, proposé cette réglementation : il déclare effectivement que toutes les biens des citoyens doivent être égaux.

nations qui répondent également à la réalité, *mais dont la seconde est toujours plus précise que la première* ». Autrement dit, Aristote *précise* qu'on n'examinera pas les écrits de *tous* les philosophes mais seulement ceux des *politikoi* et non, par exemple, ceux des *phusikoi*.

[1266 b] δὲ κατοικιζομέναις μὲν εὐθὺς οὐ χαλεπὸν ᾤετο ποιεῖν, τὰς δ' ἤδη κατοικουμένας ἐργωδέστερον μέν, ὅμως δὲ τάχιστ' ἂν ὁμαλισθῆναι τῷ τὰς προῖκας τοὺς μὲν πλουσίους διδόναι μὲν λαμβάνειν δὲ μή, τοὺς δὲ πένητας μὴ διδόναι μὲν λαμβάνειν δέ. 4 Πλάτων δὲ τοὺς νόμους γράφων μέχρι μέν τινος ᾤετο δεῖν ἐᾶν, πλεῖον δὲ τοῦ πενταπλασίαν εἶναι τῆς ἐλαχίστης μηδενὶ τῶν πολιτῶν ἐξουσίαν εἶναι κτήσασθαι, καθάπερ εἴρηται καὶ πρότερον. 5 Δεῖ δὲ μηδὲ τοῦτο λανθάνειν τοὺς οὕτω νομοθετοῦντας, ὃ λανθάνει νῦν, ὅτι τὸ τῆς οὐσίας τάττοντας πλῆθος προσήκει καὶ τῶν τέκνων τὸ πλῆθος τάττειν· ἐὰν γὰρ ὑπεραίρῃ τῆς οὐσίας τὸ μέγεθος ὁ τῶν τέκνων ἀριθμός, ἀνάγκη τόν γε νόμον λύεσθαι, καὶ χωρὶς τῆς λύσεως φαῦλον τὸ πολλοὺς ἐκ πλουσίων γίνεσθαι πένητας· ἔργον γὰρ μὴ νεωτεροποιοὺς εἶναι τοὺς τοιούτους. 6 Διότι μὲν οὖν ἔχει τινὰ δύναμιν εἰς τὴν πολιτικὴν κοινωνίαν ἡ τῆς οὐσίας ὁμαλότης, καὶ τῶν πάλαι τινὲς φαίνονται διεγνωκότες, οἷον καὶ Σόλων ἐνομοθέτησεν, καὶ παρ' ἄλλοις ἔστι νόμος ὃς κωλύει κτᾶσθαι γῆν ὁπόσην ἂν βούληταί τις· ὁμοίως δὲ καί τὴν οὐσίαν πωλεῖν οἱ νόμοι κωλύουσιν, ὥσπερ ἐν Λοκροῖς νόμος ἐστὶ μὴ πωλεῖν, ἐὰν μὴ φανερὰν ἀτυχίαν δείξῃ συμβεβηκυῖαν· 7 ἔτι δὲ τοὺς παλαιοὺς κλήρους διασῴζειν· τοῦτο δὲ λυθὲν καὶ περὶ Λευκάδα δημοτικὴν ἐποίησε λίαν τὴν πολιτείαν αὐτῶν· οὐ γὰρ ἔτι συνέβαινεν ἀπὸ τῶν ὡρισμένων τιμημάτων εἰς τὰς ἀρχὰς βαδίζειν. Ἀλλ' ἔστι τὴν ἰσότητα μὲν ὑπάρχειν τῆς οὐσίας, ταύτην δ' ἢ λίαν εἶναι πολλήν, ὥστε

57. Il semble qu'il y eut des lois de ce genre à Thurium (*Pol.*, V. 7, 1307 a 29 ss.), à Élis et à Aphytis (VI, 4, 1319 a 6 ss).

3 Cela, il pensait que ce n'était pas difficile à réaliser au moment même de la fondation des cités, mais dès qu'elles sont habitées, c'est plus laborieux, et cependant on parviendrait très rapidement à une égalisation si les riches donnaient des dots sans en recevoir, et que les pauvres en recevaient sans en donner. **4** Platon, en écrivant les *Lois,* acceptait < l'inégalité > jusqu'à un certain point, mais la faculté de posséder plus du quintuple de la plus petite part ne serait accordée à aucun citoyen, ainsi que cela a déjà été dit.

5 Ceux qui instituent des lois semblables ne doivent pourtant pas oublier ce qu'en fait ils oublient, à savoir qu'en fixant l'étendue du patrimoine il convient de fixer aussi le nombre des enfants ; si en effet le nombre des enfants dépasse l'importance du patrimoine, ce sera une nécessité d'abroger la loi ; et, indépendamment de cette abrogation il est mauvais que beaucoup de riches deviennent pauvres ; car c'est tout un travail d'éviter que de telles gens ne deviennent des fauteurs de révolutions. **6** Que l'égalité du patrimoine ait sans doute une certaine influence sur la communauté politique, certains parmi les Anciens l'ont aussi clairement reconnu : Solon, par exemple, l'a établi par la loi ; chez d'autres également[57], il y a une loi qui interdit d'acquérir autant de terre qu'on le voudrait ; de même encore des lois interdisent de vendre son patrimoine, comme chez les Locriens où une loi interdit de vendre si on ne prouve pas qu'on est tombé dans une infortune notoire ; **7** et une autre prescrit de conserver fidèlement les antiques lots de terre. Lorsqu'elle fut abrogée sur le territoire de Leucade[58], cela rendit le régime trop démocratique ; car ce ne fut plus par un cens déterminé que l'on pouvait accéder aux magistratures. Il se peut cependant que l'égalité du patrimoine existe antérieurement, mais que

58. Colonie de Corinthe, fondée au VIIe siècle sur la côte d'Acarnanie.

τρυφᾶν, ἢ λίαν ὀλίγην, ὥστε ζῆν γλίσχρως· δῆλον οὖν ὡς οὐχ ἱκανὸν τὸ τὰς οὐσίας ἴσας ποιῆσαι τὸν νομοθέτην, ἀλλὰ τοῦ μέσου στοχαστέον. 8 Ἔτι δ' εἴ τις καὶ τὴν μετρίαν τάξειεν οὐσίαν πᾶσιν, οὐδὲν ὄφελος· μᾶλλον γὰρ δεῖ τὰς ἐπιθυμίας ὁμαλίζειν ἢ τὰς οὐσίας, τοῦτο δ' οὐκ ἔστι μὴ παιδευομένοις ἱκανῶς ὑπὸ τῶν νόμων. Ἀλλ' ἴσως ἂν εἴπειεν ὁ Φαλέας ὅτι ταῦτα τυγχάνει λέγων αὐτός· οἴεται γὰρ δυοῖν τούτοιν ἰσότητα δεῖν ὑπάρχειν ταῖς πόλεσιν, κτήσεως καὶ παιδείας. 9 Ἀλλὰ τήν τε παιδείαν ἥτις ἔσται δεῖ λέγειν, καὶ τὸ μίαν εἶναι καὶ τὴν αὐτὴν οὐδὲν ὄφελος· ἔστι γὰρ τὴν αὐτὴν μὲν εἶναι καὶ μίαν, ἀλλὰ ταύτην εἶναι τοιαύτην ἐξ ἧς ἔσονται προαιρετικοὶ τοῦ πλεονεκτεῖν ἢ χρημάτων ἢ τιμῆς ἢ συναμφοτέρων. 10 Ἔτι στασιάζουσιν οὐ μόνον διὰ τὴν ἀνισότητα τῆς κτήσεως, ἀλλὰ καὶ διὰ τὴν τῶν τιμῶν, τοὐναντίον δὲ περὶ ἑκάτερον· οἱ μὲν γὰρ πολλοὶ διὰ τὸ περὶ τὰς κτήσεις ἄνι-
[1267 a] σον, οἱ δὲ χαρίεντες περὶ τῶν τιμῶν, ἐὰν ἴσαι· ὅθεν καὶ « ἐν δὲ ἰῇ τιμῇ ἠμὲν κακὸς ἠδὲ καὶ ἐσθλός ». 11 Οὐ μόνον δ' οἱ ἄνθρωποι διὰ τἀναγκαῖα ἀδικοῦσιν, ὧν ἄκος εἶναι νομίζει τὴν ἰσότητα τῆς οὐσίας, ὥστε μὴ λωποδυτεῖν διὰ τὸ ῥιγοῦν ἢ πεινῆν, ἀλλὰ καὶ ὅπως χαίρωσι καὶ μὴ ἐπιθυμῶσιν· ἐὰν γὰρ μείζω ἔχωσιν ἐπιθυμίαν τῶν ἀναγκαίων, διὰ τὴν ταύτης ἰατρείαν ἀδικήσουσιν· 12 οὐ τοίνυν διὰ ταύτην μόνον, ἀλλὰ καὶ ἂν ἐπιθυμοῖεν, ἵνα χαίρωσι ταῖς ἄνευ λυπῶν

59. *Il.*, IX, 319.

60. Certains plaisirs sont effectivement sans douleur : il en est ainsi des plaisirs de l'activité contemplative et de l'étude, des plaisirs de l'odorat, de l'ouïe et de la vue, et de ceux que provoquent les souvenirs et les attentes (*Éth. Nic.*, VII, 13, 1152 b 36 - 1153 a 1 ; X, 2, 1173 b - 1174 a). Désirables par eux-mêmes, on ne doit cependant pas

celui-ci soit ou trop important, d'où une vie de mollesse, ou trop restreint, d'où une vie sordide. Il est donc évident qu'il ne suffit pas que le législateur rende les patrimoines égaux, mais qu'il doit viser la moyenne.

8 Et en outre, si on fixe pour tous un patrimoine moyen, cela ne servira à rien ; car ce sont plus les désirs qu'il faut égaliser que les patrimoines, ce qui ne se peut pas pour ceux qui n'ont pas été éduqués par les lois. Mais peut-être Phaléas soutiendrait-il que les choses se produisent comme il l'a dit lui-même ; il pensait en effet que c'est dans ces deux secteurs que l'égalité doit exister dans les cités : la propriété et l'éducation. **9** Mais alors il faut dire quelle sera cette éducation, et là aussi le fait qu'elle soit une et la même ne sert à rien ; car elle peut être une et la même mais être telle qu'elle ne produise que des citoyens qui soient enclins à l'emporter en matière de richesses, d'honneur, ou les deux à la fois.

10 De plus, les gens fomentent des séditions non seulement à cause de l'inégalité de la propriété, mais aussi de celle des honneurs ; cependant c'est en sens opposé de part et d'autre : les gens du commun le font en raison de l'inégalité des biens, et les gens de qualité pour les honneurs, s'ils sont égaux ; d'où ce vers :

Le rustre serait honoré autant que l'homme bien né[59].

11 Or les êtres humains commettent des injustices non seulement lorsqu'ils sont poussés par la nécessité, ce à quoi, pense-t-il, l'égalité du patrimoine peut remédier – de telle sorte qu'on ne se détroussera plus à cause du froid ou de la faim – mais aussi pour trouver leur plaisir et supprimer leurs désirs ; s'ils ont un désir qui outrepasse les limites du nécessaire, ils commettent une injustice pour s'en guérir ; **12** et non pas pour cela seul, mais aussi, s'ils en ont le désir, pour prendre leur plaisir dans des jouissances dépourvues de douleurs[60]. Quel est

chercher à les obtenir à tout prix, « de même que la richesse est désirable, mais non comme salaire d'une trahison ».

ἡδοναῖς. Τί οὖν ἄκος τῶν τριῶν τούτων; τοῖς μὲν οὐσία βραχεῖα καὶ ἐργασία, τοῖς δὲ σωφροσύνη· τρίτον δ', εἴ τινες βούλοιντο δι' αὑτῶν χαίρειν, οὐκ ἂν ἐπιζητοῖεν εἰ μὴ παρὰ φιλοσοφίας ἄκος, αἱ γὰρ ἄλλαι ἀνθρώπων δέονται. 13 Ἐπεὶ ἀδικοῦσί γε τὰ μέγιστα διὰ τὰς ὑπερβολάς, ἀλλ' οὐ διὰ τὰ ἀναγκαῖα, οἷον τυραννοῦσιν οὐχ ἵνα μὴ ῥιγῶσιν· διὸ καὶ αἱ τιμαὶ μεγάλαι, ἂν ἀποκτείνῃ τις οὐ κλέπτην ἀλλὰ τύραννον· ὥστε πρὸς τὰς μικρὰς ἀδικίας βοηθητικὸς μόνον ὁ τρόπος τῆς Φαλέου πολιτείας. 14 Ἔτι τὰ πολλὰ βούλεται κατασκευάζειν ἐξ ὧν τὰ πρὸς αὑτοὺς πολιτεύσονται καλῶς, δεῖ δὲ καὶ πρὸς τοὺς γειτνιῶντας καὶ τοὺς ἔξωθεν πάντας· ἀναγκαῖον ἄρα τὴν πολιτείαν συντετάχθαι πρὸς τὴν πολεμικὴν ἰσχύν, περὶ ἧς ἐκεῖνος οὐδὲν εἴρηκεν. 15 Ὁμοίως δὲ καὶ περὶ τῆς κτήσεως· δεῖ γὰρ οὐ μόνον πρὸς τὰς πολιτικὰς χρήσεις ἱκανὴν ὑπάρχειν, ἀλλὰ καὶ πρὸς τοὺς ἔξωθεν κινδύνους· διόπερ οὔτε τοσοῦτον δεῖ πλῆθος ὑπάρχειν ὧν οἱ πλησίον καὶ κρείττους ἐπιθυμήσουσιν, οἱ δὲ ἔχοντες ἀμύνειν οὐ δυνήσονται τοὺς ἐπιόντας, οὔθ' οὕτως ὀλίγην ὥστε μὴ δύνασθαι πόλεμον ὑπενεγκεῖν μηδὲ τῶν ἴσων καὶ τῶν ὁμοίων. 16 Ἐκεῖνος μὲν οὖν οὐδὲν διώρικεν, δεῖ δὲ τοῦτο μὴ λανθάνειν, ὅτι συμφέρει πλῆθος οὐσίας· ἴσως οὖν ἄριστος ὅρος τὸ μὴ λυσιτελεῖν τοῖς κρείττοσι διὰ τὴν ὑπερβολὴν πολεμεῖν, ἀλλ' οὕτως ὡς ἂν καὶ μὴ ἐχόντων τοσαύτην οὐσίαν. 17 Οἷον Εὔβουλος Αὐτοφραδάτου μέλλοντος Ἀταρνέα πολιορκεῖν ἐκέλευσεν αὐτόν, σκεψάμενον ἐν πόσῳ χρόνῳ λήψεται τὸ χωρίον,

61. Autrement dit, les richesses que l'on peut tirer de la possession d'Atarnée sont inférieures à celles qu'il faut engager pour s'en emparer.

donc le remède à ces trois comportements ? Pour l'un, un humble patrimoine et du travail ; pour l'autre, de la modération ; quant au troisième, si certains ne veulent devoir leur plaisir qu'à eux-mêmes, qu'ils ne cherchent le remède que dans la philosophie, car les autres plaisirs ont besoin des < autres > hommes. **13** Puisque assurément ils commettent les plus grandes injustices pour le superflu et non pour le nécessaire – par exemple, on ne devient pas tyran pour se garantir du froid ; c'est pourquoi aussi les grands honneurs vont à qui met à mort non un voleur mais un tyran – le dispositif de la constitution de Phaléas n'est ainsi de quelque secours que contre les petites injustices.

14 Il veut encore régler nombre d'autres points grâce à quoi les affaires de la cité seront bien administrées à l'égard de ses propres citoyens ; mais il faut aussi que ce soit le cas à l'égard de ses voisins et de tous ceux qui lui sont étrangers ; il est donc nécessaire que la constitution soit conçue en tenant compte d'une force propre à la guerre, au sujet de laquelle il n'a rien dit. **15** De même aussi en ce qui concerne la propriété : il faut en effet non seulement qu'elle soit suffisante pour les besoins de la cité, mais aussi en songeant aux dangers extérieurs ; c'est pourquoi elle ne doit être ni si grande que ses voisins plus puissants la convoitent tandis que ceux qui l'occupent seraient incapables de repousser les attaquants, ni si petite qu'ils ne puissent soutenir une guerre, pas même contre des ennemis égaux en nombre et de même force. **16** Sans aucun doute, Phaléas n'a rien prescrit, mais il ne faut pas oublier que l'étendue du patrimoine est bien utile ; la meilleure règle est donc peut-être que les plus forts n'aient aucun avantage à faire la guerre à cause de la surabondance des richesses, mais agissent comme si la cité n'avait pas une telle richesse. **17** Ainsi Eubule, lorsque Autophradate allait assiéger Atarnée[61], exhorta ce dernier à examiner combien de temps il lui faudrait pour s'emparer de la place,

λογίσασθαι τοῦ χρόνου τούτου τὴν δαπάνην· ἐθέλειν γὰρ ἔλαττον τούτου λαβὼν ἐκλιπεῖν ἤδη τὸν Ἀταρνέα· ταῦτα δ' εἰπὼν ἐποίησε τὸν Αὐτοφραδάτην σύννουν γενόμενον παύσασθαι τῆς πολιορκίας. 18 Ἔστι μὲν οὖν τι τῶν συμφερόντων τὸ τὰς οὐσίας εἶναι ἴσας τοῖς πολίταις πρὸς τὸ μὴ στασιάζειν πρὸς ἀλλήλους, οὐ μὴν μέγα οὐδὲν ὡς εἰπεῖν. Καὶ γὰρ ἂν οἱ χαρίεντες ἀγανακτοῖεν ἂν ὡς οὐκ ἴσων ὄντες ἄξιοι, διὸ καὶ φαίνονται πολλάκις ἐπιτιθέμενοι καὶ στασιάζοντες. 19 Ἔτι δ' [1267 b] ἡ πονηρία τῶν ἀνθρώπων ἄπληστον, καὶ τὸ πρῶτον μὲν ἱκανὸν διωβολία μόνον, ὅταν δ' ἤδη τοῦτ' ᾖ πάτριον, ἀεὶ δέονται τοῦ πλείονος, ἕως εἰς ἄπειρον ἔλθωσιν· ἄπειρος γὰρ ἡ τῆς ἐπιθυμίας φύσις, ἧς πρὸς τὴν ἀναπλήρωσιν οἱ πολλοὶ ζῶσιν. 20 Τῶν οὖν τοιούτων ἀρχή, μᾶλλον τοῦ τὰς οὐσίας ὁμαλίζειν, τὸ τοὺς μὲν ἐπιεικεῖς τῇ φύσει τοιούτους παρασκευάζειν ὥστε μὴ βούλεσθαι πλεονεκτεῖν, τοὺς δὲ φαύλους ὥστε μὴ δύνασθαι, τούτο δ' ἐστίν, ἂν ἥττους τε ὦσι καὶ μὴ ἀδικῶνται. 21 Οὐ καλῶς δ' οὐδὲ τὴν ἰσότητα τῆς οὐσίας εἴρηκεν· περὶ γὰρ τὴν τῆς γῆς κτῆσιν ἰσάζει μόνον, ἔστι δὲ καὶ δούλων καὶ βοσκημάτων πλοῦτος καὶ νομίσματος, καὶ κατασκευὴ πολλὴ τῶν καλουμένων ἐπίπλων· ἢ πάντων οὖν τούτων ἰσότητα ζητητέον ἢ τάξιν τινὰ μετρίαν, ἢ πάντα ἐατέον. 22 Φαί-

62. On élimine certes une cause de sédition, celle-là même que décrit Platon dans la *République* (VIII, 556 c-d) : plus de mépris du pauvre « maigre et brûlé de soleil » pour le riche « nourri à l'ombre et chargé de graisse surabondante […], à bout de souffle et de moyens » au cœur de la mêlée, plus de risque de massacre et de bannissement de l'un par l'autre. Mais on en fait surgir une nouvelle, car cette égalité est une égalité selon la quantité qui ignore les différences de nature, de naissance, de mérite, et met sur le même pied les gens de qualité et les gens du commun.

63. Aristote fait ici allusion à la *diobelia*, qui fut instituée à Athènes après le rétablissement de la démocratie en 410. On ne sait

puis à calculer la dépense pour ce temps-là ; et de consentir, pour un moindre prix, à lui abandonner immédiatement Atarnée. Ces propos firent réfléchir Autophradate, l'amenant à renoncer au siège.

18 Le fait qu'il y ait égalité des patrimoines entre les citoyens est sans aucun doute quelque chose d'utile pour qu'il ne se produise pas de séditions mais, à vrai dire, ça n'a rien de déterminant. Et, en effet, les gens de qualité pourraient s'indigner dans la mesure où ils méritent de n'être pas < mis > au nombre des égaux ; c'est pourquoi ils se montrent souvent hostiles et séditieux[62]. **19** De plus, la perversité des hommes est insatiable : d'abord deux oboles[63] seulement suffisent, mais dès que la chose est devenue coutumière, ils ont sans cesse besoin de plus, jusqu'à l'infini ; car être infini, telle est la nature du désir, et la plupart des hommes passent leur vie à le combler. **20** Donc le principe en ces questions, plutôt que d'égaliser les patrimoines, consiste à disposer ceux qui, par nature, ont des qualités de telle sorte qu'ils ne souhaitent pas avoir plus qu'ils ne doivent[64], et les gens du commun de telle sorte qu'ils ne le puissent, ce qui est le cas s'ils sont trop faibles et ne subissent aucun tort.

21 De plus il n'a rien dit de bien en ce qui concerne l'égalité du patrimoine ; il n'égalise en effet que la propriété de la terre, or il y a aussi une richesse en esclaves, en troupeaux et en liquidités, ainsi que ce vaste ensemble de biens qu'on appelle mobiliers. Il faut donc, soit chercher une égalité pour toutes ces richesses – ou un quelconque arrangement modéré – soit tout per·

trop si ces deux oboles quotidiennes étaient destinées aux miséreux ou s'il s'agissait d'un dédommagement accordé à tous ceux qui auraient exercé une fonction publique.

64. Le verbe grec pour dire cette volonté d'avoir toujours plus est *pleonekteîn*. Il faut se rappeler que, déjà pour Platon, l'excès, l'injuste avidité *(pleonexia)* engendre la maladie, tant dans le corps (*Symp.*, 188 b ; *Tim.*, 82 a), que dans la cité (*Rép.*, IX, 586 a-c · *Critias*, 121 b).

νεται δ' ἐκ τῆς νομοθεσίας κατασκευάζων τὴν πόλιν μικράν, εἴ γ' οἱ τεχνῖται πάντες δημόσιοι ἔσονται καὶ μὴ πλήρωμά τι παρέξονται τῆς πόλεως. 23 Ἀλλ' εἴπερ δεῖ δημοσίους εἶναι τοὺς τὰ κοινὰ ἐργαζομένους, δεῖ καθάπερ ἐν Ἐπιδάμνῳ τε καὶ Διόφαντός ποτε κατεσκεύαζεν Ἀθήνησι, τοῦτον ἔχειν τὸν τρόπον. Περὶ μὲν οὖν τῆς Φαλέου πολιτείας σχεδὸν ἐκ τούτων ἄν τις θεωρήσειεν εἴ τι τυγχάνει καλῶς εἰρηκὼς ἢ μὴ καλῶς.

VIII 1 Ἱππόδαμος δὲ Εὐρυφῶντος Μιλήσιος (ὃς καὶ τὴν τῶν πόλεων διαίρεσιν εὗρε καὶ τὸν Πειραιᾶ κατέτεμεν, γενόμενος καὶ περὶ τὸν ἄλλον βίον περιττότερος διὰ φιλοτιμίαν οὕτως ὥστε δοκεῖν ἐνίοις ζῆν περιεργότερον τριχῶν τε πλήθει καὶ κόσμῳ πολυτελεῖ, ἔτι δὲ ἐσθῆτος εὐτελοῦς μὲν ἀλεεινῆς δὲ οὐκ ἐν τῷ χειμῶνι μόνον ἀλλὰ καὶ περὶ τοὺς θερινοὺς χρόνους, λόγιος δὲ καὶ περὶ τὴν ὅλην φύσιν εἶναι βουλόμενος) πρῶτος τῶν μὴ πολιτευομένων ἐνεχείρησέ τι περὶ πολιτείας εἰπεῖν τῆς ἀρίστης. 2 Κατεσκεύαζε δὲ τὴν πόλιν τῷ πλήθει μὲν μυρίανδρον, εἰς τρία δὲ μέρη διῃρημένην· ἐποίει γὰρ ἓν μὲν μέρος τεχνίτας, ἓν δὲ γεωργούς, τρίτον δὲ τὸ προπολεμοῦν καὶ τὰ ὅπλα ἔχον. 3 Διῄρει δ' εἰς τρία μέρη τὴν χώραν, τὴν μὲν ἱεράν, τὴν δὲ δημοσίαν, τὴν δ' ἰδίαν· ὅθεν μὲν τὰ νομιζόμενα ποιήσουσι πρὸς τοὺς θεούς, ἱεράν, ἀφ' ὧν δ' οἱ προπολεμοῦντες βιώσονται, κοινήν, τὴν δὲ τῶν γεωργῶν

65. Parce qu'ils ne font pas partie des citoyens.

66. Sur Épidamne, colonie de Corcyre, qui fut à l'origine de la guerre du Péloponnèse, *cf.* Thuc., I, 24-66.

67. Peut-être s'agit-il du Diophante, homme politique athénien contemporain de Démosthène, sur la proposition duquel les Grecs envoyèrent, en 352, un fort contingent pour arrêter Philippe de Macédoine aux Thermopyles.

mettre. **22** Il est clair aussi, d'après sa législation, qu'il organise une petite cité, si du moins les gens de métier doivent tous être des esclaves publics et qu'ils ne contribuent pas à la population de la cité[65]. **23** Si toutefois il doit y avoir des esclaves publics pour accomplir les travaux publics, il faut que ce soit comme à Épidamne[66], et comme Diophante l'avait un jour imaginé pour Athènes[67]. D'après ces observations sur la constitution de Phaléas, on pourra donc sans trop de difficulté juger s'il a dit de bonnes choses ou non.

VIII 1 Hippodamos le Milésien[68], fils d'Euryphon – celui qui inventa la division des villes et découpa < l'espace urbain > du Pirée ; qui montra aussi dans le reste de sa vie une telle excentricité par désir d'être remarqué qu'il parut à certains vivre en prenant un soin par trop excessif de sa chevelure, par son abondance et son arrangement somptueux, et en outre de son vêtement, simple et chaud, porté non seulement en hiver mais aussi pendant l'été ; qui eut enfin la prétention d'être capable de raisonner sur la nature entière – fut le premier parmi ceux qui ne participaient pas au gouvernement de la cité à entreprendre de dire quelque chose sur la constitution la meilleure.

2 Il organisa la cité, composée de dix mille citoyens, en la divisant en trois parties : il constitua en effet une partie avec les gens de métier, une autre avec les agriculteurs, et une troisième avec les défenseurs portant les armes. **3** Il divisait de même le territoire en trois parties, l'une sacrée, l'autre publique, et la dernière privée ; celle d'où on tirera ce qui est destiné par l'usage aux dieux, sacrée ; celle dont vivront les défenseurs, publique ; celle des agriculteurs, privée.

68. Sur Hippodamos de Milet, *cf.* Martin (1974) ; Lévêque et Vidal-Naquet (1983), particulièrement le chapitre 8 : « L'espace et la cité : d'Hippodamos à Platon ».

ἰδίαν. 4 Ὤιετο δ' εἴδη καὶ τῶν νόμων εἶναι τρία μόνον· περὶ ὧν γὰρ αἱ δίκαι γίνονται, τρία ταῦτ' εἶναι τὸν ἀριθμόν, ὕβριν βλάβην θάνατον. Ἐνομοθέτει δὲ καὶ δικαστήριον ἓν τὸ κύριον, εἰς ὃ πάσας ἀνάγεσθαι δεῖν τὰς μὴ καλῶς κεκρίσθαι δοκούσας δίκας· τοῦτο δὲ κατεσκεύαζεν ἔκ τινῶν γε- [1268 a] ρόντων αἱρετῶν. 5 Τὰς δὲ κρίσεις ἐν τοῖς δικαστηρίοις οὐ διὰ ψηφοφορίας ᾤετο γίγνεσθαι δεῖν, ἀλλὰ φέρειν ἕκαστον πινάκιον, ἐν ᾧ γράφειν, εἰ καταδικάζοι ἁπλῶς, τὴν δίκην, εἰ δ' ἀπολύοι ἁπλῶς, κενόν, εἰ δὲ τὸ μὲν τὸ δὲ μή, τοῦτο διορίζειν. Νῦν γὰρ οὐκ ᾤετο νενομοθετῆσθαι καλῶς· ἀναγκάζειν γὰρ ἐπιορκεῖν ἢ ταῦτα ἢ ταῦτα δικάζοντας. 6 Ἐτίθει δὲ νόμον περὶ τῶν εὑρισκόντων τι τῇ πόλει συμφέρον, ὅπως τυγχάνωσι τιμῆς, καὶ τοῖς παισὶ τῶν ἐν τῷ πολέμῳ τελευτώντων ἐκ δημοσίου γίνεσθαι τὴν τροφήν, ὡς οὔπω τοῦτο παρ' ἄλλοις νενομοθετημένον· ἔστι δὲ καὶ ἐν Ἀθήναις οὗτος ὁ νόμος νῦν καὶ ἐν ἑτέραις τῶν πόλεων. 7 Τοὺς δ' ἄρχοντας αἱρετοὺς ὑπὸ τοῦ δήμου εἶναι πάντας, δῆμον δ' ἐποίει τὰ τρία μέρη τῆς πόλεως· τοὺς δ' αἱρεθέντας ἐπιμελεῖσθαι κοινῶν καὶ ξενικῶν καὶ ὀρφανικῶν. Τὰ μὲν οὖν πλεῖστα καὶ τὰ μάλιστα ἀξιόλογα τῆς Ἱπποδάμου τάξεως ταῦτ' ἐστίν· ἀπορήσειε δ' ἄν τις πρῶτον μὲν τὴν διαίρεσιν τοῦ πλήθους τῶν πολιτῶν. 8 Οἵ τε γὰρ τεχνῖται καὶ οἱ γεωργοὶ καὶ οἱ τὰ ὅπλα ἔχοντες κοινωνοῦσι τῆς πολιτείας πάντες, οἱ μὲν γεωργοὶ οὐκ ἔχοντες ὅπλα, οἱ δὲ τεχνῖται οὔτε γῆν οὔτε ὅπλα, ὥστε γίνονται σχεδὸν δοῦλοι τῶν τὰ ὅπλα κεκτημένων. 9 Μετ-

69. Le *psèphos*, caillou blanc ou non percé (pour l'acquittement), noir ou percé (pour la condamnation), était déposé dans une urne pour voter au tribunal.

70. Et non tirés au sort.

4 Il pensait aussi qu'il n'y a que trois sortes de lois ; en effet les causes pour lesquelles ont lieu les procès sont au nombre de trois : outrage, dommage, meurtre. Il instituait aussi par une loi un seul tribunal ayant les pleins pouvoirs, devant lequel il faudrait que soient amenés tous les procès semblant avoir été mal jugés ; il le constituait de vieillards élus. **5** Quant aux jugements prononcés dans les tribunaux, il pensait qu'ils ne devaient pas être rendus par le dépôt d'un caillou[69] mais que chaque juge devait apporter une tablette sur laquelle écrire la sentence s'il prononçait purement et simplement une condamnation ; s'il acquittait purement et simplement, rien du tout ; et, s'il condamnait sur un chef d'accusation et pas sur un autre, expliquer cela clairement. Il estimait en effet que la législation en vigueur n'était pas bonne car elle contraint à ne pas tenir son serment en jugeant dans un sens ou dans un autre.

6 Et de même il instituait une loi concernant ceux qui auraient découvert quelque chose d'utile pour la cité, afin qu'ils obtiennent une récompense, et une autre pour que les enfants des citoyens morts à la guerre soient entretenus sur les deniers publics ; toutefois cette loi est en vigueur à Athènes et dans d'autres cités.

7 Et encore tous les magistrats seraient élus[70] par le peuple, étant entendu que c'étaient les trois parties de la cité qui constituaient le peuple[71] ; les élus s'occuperaient des affaires publiques, des étrangers et des orphelins. Telles sont donc les dispositions les plus importantes et les plus dignes de remarque du système d'Hippodamos. Or on pourrait tout d'abord être gêné par ce qui concerne la division de l'ensemble des citoyens. **8** Car les gens de métier, les agriculteurs, et ceux qui portent les armes sont tous associés au régime, quoique les agriculteurs n'aient pas d'armes et que les gens de métier n'aient ni terre ni armes, si bien qu'ils deviennent presque les esclaves de ceux qui possèdent les armes.

71. À savoir les gens de métier, les agriculteurs et les défenseurs.

ἔχειν μὲν οὖν πασῶν τῶν τιμῶν ἀδύνατον· ἀνάγκη γὰρ ἐκ τῶν τὰ ὅπλα ἐχόντων καθίστασθαι καὶ στρατηγοὺς καὶ πολιτοφύλακας καὶ τὰς κυριωτάτας ἀρχὰς ὡς εἰπεῖν· μὴ μετέχοντας δὲ τῆς πολιτείας πῶς οἷόν τε φιλικῶς ἔχειν πρὸς τὴν πολιτείαν; ἀλλὰ δεῖ καὶ κρείττους εἶναι τοὺς τὰ ὅπλα γε κεκτημένους ἀμφοτέρων τῶν μερῶν· τοῦτο δ' οὐ ῥᾴδιον μὴ πολλοὺς ὄντας· 10 εἰ δὲ τοῦτ' ἔσται, τί δεῖ τοὺς ἄλλους μετέχειν τῆς πολιτείας καὶ κυρίους εἶναι τῆς τῶν ἀρχόντων καταστάσεως; Ἔτι οἱ γεωργοὶ τί χρήσιμοι τῇ πόλει; τεχνίτας μὲν γὰρ ἀναγκαῖον εἶναι (πᾶσα γὰρ δεῖται πόλις τεχνιτῶν), καὶ δύνανται διαγίγνεσθαι καθάπερ ἐν ταῖς ἄλλαις πόλεσιν ἀπὸ τῆς τέχνης· οἱ δὲ γεωργοὶ πορίζοντες μὲν τοῖς τὰ ὅπλα κεκτημένοις τὴν τροφὴν εὐλόγως ἂν ἦσάν τι τῆς πόλεως μέρος, νῦν δ' ἰδίαν ἔχουσιν καὶ ταύτην ἰδίᾳ γεωργήσουσιν. 11 Ἔτι δὲ τὴν κοινήν, ἀφ' ἧς οἱ προπολεμοῦντες ἕξουσι τὴν τροφήν, εἰ μὲν αὐτοὶ γεωργήσουσιν, οὐκ ἂν εἴη τὸ μάχιμον ἕτερον καὶ τὸ γεωργοῦν, βούλεται δ' ὁ νομοθέτης· εἰ δ' ἕτεροί τινες ἔσονται τῶν τε τὰ ἴδια γεωργούντων καὶ τῶν μαχίμων, τέταρτον αὖ μόριον ἔσται τοῦτο τῆς πόλεως, οὐδενὸς μετέχον, ἀλλὰ ἀλλότριον τῆς πολιτείας. 12 Ἀλλὰ μὴν εἴ τις τοὺς αὐτοὺς θήσει τούς τε τὴν ἰδίαν καὶ τοὺς τὴν κοινὴν γεωργοῦντας, τό τε πλῆθος ἄπορον ἔσται τῶν καρπῶν ἐξ ὧν [1268 b] ἕκαστος γεωργήσει δύο οἰκίας, καὶ τίνος ἕνεκεν οὐκ εὐθὺς ἀπὸ τῆς γῆς καὶ τῶν αὐτῶν κλήρων αὐτοῖς τε τὴν τροφὴν λήψονται καὶ τοῖς μαχίμοις παρέξουσιν; ταῦτα δὴ πάντα

9 Il est donc impossible qu'ils aient part à toutes les charges : ce sera nécessairement parmi ceux qui possèdent les armes que seront pris les stratèges, les gardiens-des-citoyens[72] et, pour tout dire, les charges les plus importantes ; or comment est-il possible que ceux qui ne participent pas au régime aient de l'attachement pour le régime ? Ceux qui possèdent les armes doivent alors être plus puissants que les deux autres parties < réunies > ; mais cela n'est pas facile s'ils ne sont pas nombreux ; **10** et s'ils le sont, pourquoi faut-il que les autres participent au régime et soient maîtres de la désignation des magistrats ? En outre, les agriculteurs, en quoi sont-ils utiles à la cité ? Des gens de métier, il est nécessaire qu'il y en ait (toute cité, en effet, a besoin de gens de métier) et ils peuvent vivre de leur métier comme dans les autres cités. Pourtant les agriculteurs, s'ils fournissaient la subsistance à ceux qui possèdent les armes, pourraient raisonnablement être une partie de la cité ; mais en réalité ils possèdent leur terre en propre et ils la cultiveront pour leur propre compte.

11 En outre, la terre commune d'où les défenseurs tireront leur subsistance, s'ils la cultivent eux-mêmes, il n'y aura plus de distinction entre la classe des combattants et celle des agriculteurs, comme le voulait le législateur ; si au contraire certains sont différents à la fois de ceux qui cultivent leurs propres terres et des combattants, alors on aura une quatrième partie de la cité ne participant en rien à la vie politique, mais y restant étrangère. **12** Par contre, si on institue que ce sont les mêmes qui cultivent leur propre terre et la terre commune, la quantité des produits récoltés sera insuffisante pour que chacun tire de là de quoi entretenir deux familles ; et pourquoi alors les agriculteurs ne tireraient-ils pas directement des mêmes lots de terre leur nourriture et celle qu'ils fourniront aux combattants ? Assurément tout cela entraîne bien des confusions.

72. Voir *Lexique – 2. Vocabulaire des institutions*.

πολλὴν ἔχει ταραχήν. 13 Οὐ καλῶς δ' οὐδ' ὁ περὶ τῆς κρίσεως ἔχει νόμος, τὸ κρίνειν ἀξιοῦν διαιροῦντα, τῆς δίκης ἁπλῶς γεγραμμένης, καὶ γίνεσθαι τὸν δικαστὴν διαιτητήν. Τοῦτο δὲ ἐν μὲν τῇ διαίτῃ καὶ πλείοσιν ἐνδέχεται (κοινολογοῦνται γὰρ ἀλλήλοις περὶ τῆς κρίσεως), ἐν δὲ τοῖς δικαστηρίοις οὐκ ἔστιν, ἀλλὰ καὶ τοὐναντίον τούτῳ τῶν νομοθετῶν οἱ πολλοὶ παρασκευάζουσιν ὅπως οἱ δικασταὶ μὴ κοινολογῶνται πρὸς ἀλλήλους. 14 Ἔπειτα πῶς οὐκ ἔσται ταραχώδης ἡ κρίσις, ὅταν ὀφείλειν ὁ μὲν δικαστὴς οἴηται, μὴ τοσοῦτον δ' ὅσον ὁ δικαζόμενος; ὁ μὲν γὰρ εἴκοσι μνᾶς, ὁ δὲ δικαστὴς κρινεῖ δέκα μνᾶς (ἢ ὁ μὲν πλέον, ὁ δ' ἔλασσον), ἄλλος δὲ πέντε, ὁ δὲ τέτταρας· καὶ τοῦτον δὴ τὸν τρόπον δῆλον ὅτι μεριοῦσιν· οἱ δὲ πάντα καταδικάσουσιν, οἱ δ' οὐδέν· 15 τίς οὖν ὁ τρόπος ἔσται τῆς διαλογῆς τῶν ψήφων; Ἔτι δ' οὐδεὶς ἐπιορκεῖν ἀναγκάζει τὸν ἁπλῶς ἀποδικάσαντα ἢ καταδικάσαντα, εἴπερ ἁπλῶς τὸ ἔγκλημα γέγραπται, δικαίως· οὐ γὰρ μηδὲν ὀφείλειν ὁ ἀποδικάσας κρίνει, ἀλλὰ τὰς εἴκοσι μνᾶς· ἀλλ' ἐκεῖνος ἤδη ἐπιορκεῖ ὁ καταδικάσας μὴ νομίζων ὀφείλειν τὰς εἴκοσι μνᾶς. 16 Περὶ δὲ τοῦ τοῖς εὑρίσκουσί τι τῇ πόλει συμφέρον ὡς δεῖ γίνεσθαί τινα τιμήν, οὐκ ἔστιν ἀσφαλὲς τὸ νομοθετεῖν, ἀλλ' εὐόφθαλμον ἀκοῦσαι μόνον· ἔχει γὰρ συκοφαντίας καὶ κινήσεις, ἂν τύχῃ, πολιτείας. Ἐμπίπτει δ' εἰς ἄλλο πρόβλημα καὶ σκέψιν ἑτέραν· ἀποροῦσι γάρ τινες πότερον βλαβερὸν ἢ συμφέρον ταῖς πόλεσι τὸ κινεῖν τοὺς πατρίους νόμους, ἂν ᾖ τις ἄλλος βελτίων. 17 Διόπερ οὐ ῥᾴδιον τῷ λεχθέντι ταχὺ συγχωρεῖν, εἴπερ μὴ συμφέ-

73. Voir *Lexique – 2. Vocabulaire des institutions.*

13 N'est pas bonne non plus la loi relative au jugement, qui prescrit de juger en établissant des distinctions dans la plainte, même si elle est formulée sans détours, et fait du juge un arbitre[73]. Pourtant cela est admissible dans un arbitrage, même avec plusieurs arbitres (car ils débattent les uns avec les autres au sujet de leur décision), mais dans les tribunaux ce ne l'est pas : au contraire, à l'opposé de cela, la plupart des législateurs prennent des dispositions pour que les juges ne débattent pas entre eux. **14** Ensuite comment le jugement ne sera-t-il pas confus quand le juge sera d'avis d'accorder un dédommagement, mais pas autant que le réclame le plaignant ? Par exemple, celui-ci réclame vingt mines, or le juge décide d'en donner dix (ou l'un plus, et l'autre moins), un autre cinq, un autre quatre ; et c'est évidemment de cette manière qu'ils répartiront les préjudices ; ou bien encore les uns accorderont tout, les autres rien. **15** Par conséquent, de quelle manière choisira-t-on parmi les votes ? De plus personne ne contraint au parjure celui qui, pour de justes motifs, prononce un acquittement ou une condamnation sans réserve si précisément la plainte a été formulée sans détours : car celui qui prononce l'acquittement ne juge pas que rien n'est dû, mais qu'on ne doit pas vingt mines ; mais il se parjure dès le moment où il prononce une condamnation en ne croyant pas que les vingt mines sont dues.

16 Quant aux honneurs qu'il faut accorder à ceux qui trouvent quelque invention utile à la cité, le fait d'instituer une loi dans ce sens n'est pas sans danger et son énoncé n'est bon qu'en apparence ; car il peut être cause de fausses accusations et, éventuellement, de changements de régime. Mais on tombe sur un autre problème et sur un autre examen. Certains se demandent, en effet, s'il est dommageable ou utile pour les cités de changer les lois des ancêtres s'il y en a une autre qui est meilleure[74]. **17** C'est pourquoi il n'est pas facile de s'asso-

74. Sur cette question il faut lire Brunschwig (1980).

ρει κινεῖν, ἐνδέχεται δ' εἰσηγεῖσθαί τινας νόμων λύσιν ἢ πολιτείας ὡς κοινὸν ἀγαθόν. Ἐπεὶ δὲ πεποιήμεθα μνείαν, ἔτι μικρὰ περὶ αὐτοῦ διαστείλασθαι βέλτιον. 18 Ἔχει γάρ, ὥσπερ εἴπομεν, ἀπορίαν καὶ δόξειεν ἂν βέλτιον εἶναι τὸ κινεῖν. Ἐπὶ γοῦν τῶν ἄλλων ἐπιστημῶν τοῦτο συνενήνοχεν, οἷον ἰατρικὴ κινηθεῖσα παρὰ τὰ πάτρια καὶ γυμναστικὴ καὶ ὅλως αἱ τέχναι πᾶσαι καὶ αἱ δυνάμεις, ὥστ' ἐπεὶ μίαν τούτων θετέον καὶ τὴν πολιτικήν, δῆλον ὅτι καὶ περὶ ταύτην ἀναγκαῖον ὁμοίως ἔχειν. 19 Σημεῖον δ' ἂν γεγονέναι φαίη τις ἐπ' αὐτῶν τῶν ἔργων· τοὺς γὰρ ἀρχαίους νόμους λίαν ἁπλοῦς εἶναι καὶ βαρβαρικούς. Ἐσιδηροφοροῦντό τε γὰρ οἱ Ἕλληνες καὶ τὰς γυναῖκας ἐωνοῦντο παρ' ἀλλήλων, 20 ὅσα τε λοιπὰ τῶν ἀρχαίων ἐστί που νομίμων εὐήθη πάμπαν ἐστίν, [1269 a] οἷον ἐν Κύμῃ περὶ τὰ φονικὰ νόμος ἐστίν, ἂν πλῆθός τι παράσχηται μαρτύρων ὁ διώκων τὸν φόνον τῶν αὑτοῦ συγγενῶν, ἔνοχον εἶναι τῷ φόνῳ τὸν φεύγοντα. 21 Ζητοῦσι δ' ὅλως οὐ τὸ πάτριον ἀλλὰ τἀγαθὸν πάντες· εἰκός τε τοὺς πρώτους, εἴτε γηγενεῖς ἦσαν εἴτ' ἐκ φθορᾶς τινος ἐσώθησαν, ὁμοίους εἶναι καὶ τοὺς τυχόντας καὶ τοὺς ἀνοήτους, ὥσπερ καὶ λέγεται κατὰ τῶν γηγενῶν, ὥστε ἄτοπον τὸ μένειν ἐν τοῖς

75. Le modèle médical est-il bon pour penser le changement en politique ? Sur cette question, *cf.* Jouanna (1980).

76. *Cf.* Thuc., I, 6, 1 : « Car toute la Grèce portait les armes *(ésidérophorei)* [...] : vivre sous les armes était une habitude constante, comme chez les barbares » ; et I, 6, 7 : « En fait, bien d'autres traits montreraient que le monde grec ancien vivait de manière analogue au monde barbare actuel. » Parmi ces traits, la coutume d'acheter les femmes, que pratiquent les Thraces (Hdt, V, 6), et que connaît Platon (*Lois,* VIII, 841 d).

77. Sur ces cataclysmes périodiques, voir *Tim.,* 22 c - 23 d ; *Critias,* 109 d ; *Lois,* III, 676 a-e.

cier rapidement à ce qui a été dit, si précisément il n'est pas utile de changer ; or il est possible que certains proposent, comme un bien commun, l'abrogation des lois ou de la constitution. Puisque nous avons mentionné cette question, il vaut mieux ajouter encore de courtes explications à son sujet. **18** Comme nous l'avons dit, il y a en effet une difficulté, et il pourrait sembler préférable de changer. Cela a certes pu être fructueux dans les sciences, par exemple la médecine a changé comparé aux pratiques des ancêtres, de même la gymnastique et, en général tous les arts et tous les métiers, de telle sorte que, puisqu'il faut regarder la politique comme l'un d'entre eux, il est évident qu'il doit en être de même à son sujet[75].

19 On pourrait en trouver un signe dans les faits eux-mêmes, car les lois d'autrefois étaient excessivement simples et barbares. Ainsi les Grecs portaient des armures de fer et s'achetaient mutuellement leurs femmes[76] ; **20** de même tout ce qui subsiste encore ici ou là des anciennes coutumes est tout à fait naïf ; il y a par exemple à Kymé une loi relative aux meurtres : si l'accusateur peut fournir, parmi ses propres parents, un nombre définis de témoins, l'accusé est coupable de meurtre. **21** Or, en général, ce que tous cherchent ce n'est pas la tradition, mais le bien ; et il est probable que les premiers hommes, qu'ils soient nés de la terre ou qu'ils aient survécu à quelque cataclysme[77], ressemblaient aux premiers venus et aux nigauds d'à présent, comme on le dit en fait des Fils de la Terre[78] ; de telle sorte qu'il est absurde de rester attaché aux arrêts de ces

78. Faut-il voir là uniquement une allusion aux *Gegeneis* platoniciens (*Symp.*, 191 c ; *Ménex.*, 237 d ; *Polit.*, 272 a) qu'il y aurait sans doute quelque artifice à regrouper sans autre forme de procès ? Ce serait oublier d'autres « Fils de la Terre », ceux de Colchide, par exemple, ou les Spartes, qui ont pour point commun de naître tout grandis et tout armés, et de n'avoir en tête que la guerre, ignorant tout le reste. Sur tout ceci, *cf.* Vernant (1974).

τούτων δόγμασιν. Πρὸς δὲ τούτοις οὐδὲ τοὺς γεγραμμένους ἐᾶν ἀκινήτους βέλτιον· 22 ὥσπερ γὰρ καὶ περὶ τὰς ἄλλας τέχνας, καὶ τὴν πολιτικὴν τάξιν ἀδύνατον ἀκριβῶς πάντα γραφῆναι· καθόλου γὰρ ἀναγκαῖον γραφῆναι, αἱ δὲ πράξεις περὶ τῶν καθ' ἕκαστόν εἰσιν. Ἐκ μὲν οὖν τούτων φανερὸν ὅτι κινητέοι καὶ τινὲς καὶ ποτὲ τῶν νόμων εἰσίν· ἄλλον δὲ τρόπον ἐπισκοποῦσιν εὐλαβείας ἂν δόξειεν εἶναι πολλῆς. 23 Ὅταν γὰρ ᾖ τὸ μὲν βέλτιον μικρόν, τὸ δ' ἐθίζειν εὐχερῶς λύειν τοὺς νόμους φαῦλον, φανερὸν ὡς ἐατέον ἐνίας ἁμαρτίας καὶ τῶν νομοθετῶν καὶ τῶν ἀρχόντων· οὐ γὰρ τοσοῦτον ὠφελήσεται κινήσας, ὅσον βλαβήσεται τοῖς ἄρχουσιν ἀπειθεῖν ἐθισθείς. 24 Ψεῦδος δὲ καὶ τὸ παράδειγμα τὸ περὶ τῶν τεχνῶν· οὐ γὰρ ὅμοιον τὸ κινεῖν τέχνην καὶ νόμον, ὁ γὰρ νόμος ἰσχὺν οὐδεμίαν ἔχει πρὸς τὸ πείθεσθαι παρὰ τὸ ἔθος, τοῦτο δ' οὐ γίνεται εἰ μὴ διὰ χρόνου πλῆθος, ὥστε τὸ ῥᾳδίως μεταβάλλειν ἐκ τῶν ὑπαρχόντων νόμων εἰς ἑτέρους νόμους καινοὺς ἀσθενῆ ποιεῖν ἐστι τὴν τοῦ νόμου δύναμιν. 25 Ἔτι δ' εἰ καὶ κινητέοι, πότερον πάντες καὶ ἐν πάσῃ πολιτείᾳ, ἢ οὔ; καὶ πότερον τῷ τυχόντι ἢ τισίν; ταῦτα γὰρ ἔχει μεγάλην διαφοράν. Διὸ νῦν μὲν ἀφῶμεν ταύτην τὴν σκέψιν, ἄλλων γὰρ ἐστι καιρῶν.

IX 1 Περὶ δὲ τῆς Λακεδαιμονίων πολιτείας καὶ τῆς Κρητικῆς, σχεδὸν δὲ καὶ περὶ τῶν ἄλλων πολιτειῶν, δύο εἰσὶν αἱ σκέψεις, μία μὲν εἴ τι καλῶς ἢ μὴ καλῶς πρὸς τὴν ἀρίστην νενομοθέτηται τάξιν, ἑτέρα δ' εἴ τι πρὸς τὴν ὑπόθεσιν καὶ τὸν τρόπον ὑπεναντίως τῆς προκειμένης αὐτοῖς

gens-là. Outre cela, il est préférable de ne pas conserver immuables non plus les lois écrites. **22** De même, en effet, qu'en ce qui concerne les autres arts, en matière d'organisation politique aussi il est impossible de tout mettre par écrit avec précision ; car tout ce qui est écrit est général par nécessité, tandis que les actions, elles, portent sur des cas particuliers. De tout ceci il ressort clairement qu'il faut changer certaines lois en certaines occasions ; mais si on considérait les choses d'une autre façon, on devrait, semble-t-il, faire preuve de beaucoup de prudence.

23 Lorsque, en effet, l'amélioration est faible – et comme il est mauvais de s'habituer à abroger les lois à la légère – il est clair qu'il faut tolérer quelques erreurs à la fois des législateurs et des gouvernants ; car le bénéfice du changement ne sera pas aussi grand que le dommage résultant de l'habitude de désobéir aux gouvernants. **24** Quant à l'exemple des autres arts, il est non pertinent : car ce n'est pas la même chose de changer un art et une loi ; la loi, en effet, pour se faire obéir n'a d'autre force que l'habitude, laquelle ne se manifeste qu'après beaucoup de temps, de telle sorte que passer facilement des lois existantes à d'autres lois nouvelles, c'est affaiblir la puissance de la loi. **25** De plus, même s'il y a des lois à changer, faudra-t-il ou non les changer toutes et dans tout régime ? Et encore, sera-ce l'affaire du premier venu ou de certaines personnes ? Car la différence est grande. Laissons donc pour l'instant cet examen. On en traitera en d'autres occasions.

IX 1 Au sujet du régime des Lacédémoniens et de celui de la Crète, et aussi de presque tous les autres régimes, il y a deux questions à examiner : l'une, s'il y a quelque chose de bon ou de mauvais en vue de l'institution du système le meilleur, l'autre, s'il y a quelque chose qui soit contraire au principe de base et au caractère du régime tel qu'ils le proposent.

πολιτείας. 2 Ὅτι μὲν οὖν δεῖ τῇ μελλούσῃ καλῶς πολιτεύεσθαι τὴν τῶν ἀναγκαίων ὑπάρχειν σχολήν, ὁμολογούμενόν ἐστιν· τίνα δὲ τρόπον ὑπάρχειν, οὐ ῥᾴδιον λαβεῖν. Ἥ τε γὰρ Θετταλῶν πενεστεία πολλάκις ἐπέθετο τοῖς Θετταλοῖς, ὁμοίως δὲ καὶ τοῖς Λάκωσιν οἱ εἵλωτες (ὥσπερ γὰρ ἐφεδρεύοντες τοῖς ἀτυχήμασι διατελοῦσιν)· 3 περὶ δὲ τοὺς Κρῆτας οὐδέν πω τοιοῦτον συμβέβηκεν. Αἴτιον δ' ἴσως τὸ τὰς γειτνιώ- [1269 b] σας πόλεις, καίπερ πολεμούσας ἀλλήλαις, μηδεμίαν εἶναι σύμμαχον τοῖς ἀφισταμένοις διὰ τὸ μὴ συμφέρειν καὶ αὐταῖς κεκτημέναις περιοίκους, τοῖς δὲ Λάκωσιν οἱ γειτνιῶντες ἐχθροὶ πάντες ἦσαν, Ἀργεῖοι καὶ Μεσήνιοι καὶ Ἀρκάδες· ἐπεὶ καὶ τοῖς Θετταλοῖς κατ' ἀρχὰς ἀφίσταντο διὰ τὸ πολεμεῖν ἔτι τοῖς προσχώροις, Ἀχαιοῖς καὶ Περραιβοῖς καὶ Μάγνησιν. 4 Ἔοικε δὲ καὶ εἰ μηδὲν ἕτερον, ἀλλὰ τό γε τῆς ἐπιμελείας ἐργῶδες εἶναι, τίνα δεῖ πρὸς αὐτοὺς ὁμιλῆσαι τρόπον· ἀνιέμενοί τε γὰρ ὑβρίζουσι καὶ τῶν ἴσων ἀξιοῦσιν ἑαυτοὺς τοῖς κυρίοις, καὶ κακοπαθῶς ζῶντες ἐπιβουλεύουσι καὶ μισοῦσιν. Δῆλον οὖν ὡς οὐκ ἐξευρίσκουσι τὸν βέλτιστον τρόπον οἷς τοῦτο συμβαίνει περὶ τὴν εἱλωτείαν. 5 Ἔτι δ' ἡ περὶ τὰς γυναῖκας ἄνεσις καὶ πρὸς τὴν προαίρεσιν τῆς πολιτείας βλαβερὰ καὶ πρὸς εὐδαιμονίαν πόλεως· ὥσπερ γὰρ οἰκίας μέρος ἀνὴρ καὶ γυνή, δῆλον ὅτι καὶ πόλιν ἐγγὺς τοῦ δίχα διῃρῆσθαι δεῖ νομίζειν εἴς τε τὸ τῶν ἀνδρῶν πλῆθος καὶ τὸ τῶν γυναικῶν, ὥστ' ἐν ὅσαις πολιτείαις φαύλως

79. Voir *Lexique – 2. Vocabulaire des institutions*.

80. Sur la conduite à tenir envers les esclaves, voir *Pol.*, I, 13 et *Écon.*, I, 5. Sur les dispositions testamentaires d'Aristote à l'égard de ses propres esclaves, *cf.* Diogène Laërce, V, 14-15.

2 Qu'il faille, pour qu'une cité soit bien gouvernée, qu'on soit libéré des tâches contraignantes, on en convient ; mais de quelle manière s'en libérer, ce n'est pas facile à découvrir. En Thessalie, la classe des pénestes s'est souvent soulevée contre les Thessaliens, comme les hilotes contre les Laconiens (parce qu'ils passent leur vie à guetter leurs revers).

3 Chez les Crétois cependant il n'est encore jamais rien arrivé de pareil. La cause en est peut-être que les cités voisines, quoiqu' en guerre les unes contre les autres, ne forment aucune alliance avec les révoltés parce que ce n'est pas leur intérêt puisqu'elles ont elles-mêmes des périèques[79]. Chez les Laconiens, au contraire, tous leurs voisins étaient leurs ennemis : Argiens, Messéniens et Arcadiens. C'est ainsi qu'à l'origine ils se sont révoltés chez les Thessaliens parce que ces derniers étaient encore en guerre avec les peuples limitrophes, Achéens, Perrhèbes et Magnésiens. **4** Il semble même que, s'il n'y a aucune autre difficulté, le fait d'avoir à se soucier du type de relation qu'il faut avoir avec eux soit une tâche pénible[80] ; si on leur lâche la bride, ils deviennent insolents et se jugent dignes d'être les égaux de leurs maîtres ; et s'ils vivent misérablement, ils conspirent et sont pleins de haine. Il est donc évident qu'ils ne sont pas parvenus à découvrir la meilleure façon de faire, ceux à qui cela arrive avec leurs hilotes[81].

5 En outre, le relâchement à l'égard des femmes est nuisible et pour le dessein du régime et pour le bonheur de la cité ; car de même en effet que l'homme et la femme sont < chacun > une partie de la famille, de même est-il évident qu'on doit considérer que la cité est

81. Il y eut en effet plusieurs révoltes d'hilotes, notamment en 464. Sur ce véritable « séisme » qui, selon Éd. Will, « secoua la Laconie », *cf.* Will (1972), pp. 144 ss.

ἔχει τὸ περὶ τὰς γυναῖκας, τὸ ἥμισυ τῆς πόλεως εἶναι δεῖ νομίζειν ἀνομοθέτητον. 6 Ὅπερ ἐκεῖ συμβέβηκεν· ὅλην γὰρ τὴν πόλιν ὁ νομοθέτης εἶναι βουλόμενος καρτερικήν, κατὰ μὲν τοὺς ἄνδρας φανερός ἐστι τοιοῦτος ὤν, ἐπι δὲ τῶν γυναικῶν ἐξημέληκεν· ζῶσι γὰρ ἀκολάστως πρὸς ἅπασαν ἀκολασίαν καὶ τρυφερῶς. 7 Ὥστ' ἀναγκαῖον ἐν τῇ τοιαύτῃ πολιτείᾳ τιμᾶσθαι τὸν πλοῦτον, ἄλλως τε κἂν τύχωσι γυναικοκρατούμενοι, καθάπερ τὰ πολλὰ τῶν στρατιωτικῶν καὶ πολεμικῶν γενῶν, ἔξω Κελτῶν ἢ κἂν εἴ τινες ἕτεροι φανερῶς τετιμήκασι τὴν πρὸς τοὺς ἄρρενας συνουσίαν. 8 Ἔοικε γὰρ ὁ μυθολογήσας πρῶτος οὐκ ἀλόγως συζεῦξαι τὸν Ἄρη πρὸς τὴν Ἀφροδίτην· ἢ γὰρ πρὸς τὴν τῶν ἀρρένων ὁμιλίαν ἢ πρὸς τὴν τῶν γυναικῶν φαίνονται κατακώχιμοι πάντες οἱ τοιοῦτοι. Διὸ παρὰ τοῖς Λάκωσι τοῦθ' ὑπῆρχεν καὶ πολλὰ διῳκεῖτο ὑπὸ τῶν γυναικῶν ἐπὶ τῆς ἀρχῆς αὐτῶν. 9 Καίτοι τί διαφέρει γυναῖκας ἄρχειν ἢ τοὺς ἄρχοντας ὑπὸ τῶν γυναικῶν ἄρχεσθαι; ταὐτὸ γὰρ συμβαίνει. Χρησίμου δ' οὔσης τῆς θρασύτητος πρὸς οὐδὲν τῶν ἐγκυκλίων, ἀλλ' εἴπερ, πρὸς τὸν πόλεμον, βλαβερώταται καὶ πρὸς ταῦθ' αἱ τῶν Λακώνων ἦσαν. 10 Ἐδήλωσαν δ' ἐπὶ τῆς Θηβαίων ἐμβολῆς·

82. Sur la fermeté *(karteria)*, la licence *(akolasia)* et la lascivité *(truphè)*, voir *Lexique – 3. Vocabulaire philosophique*. En ce qui concerne l'infériorité morale des femmes, et les conséquences de cet état de fait sur leur statut dans la cité aristotélicienne, *cf.* W. W. Fortenbaugh, « Aristotle on Slaves and Women », in *Articles on Aristotle, 2*, pp. 135-139.

à peu près divisée en deux entre la masse des hommes et celle des femmes, de telle sorte que dans les nombreux régimes où la condition des femmes est traitée avec négligence, on doit considérer que la moitié de la cité est laissée sans lois. **6** C'est précisément ce qui est arrivé là : car le législateur voulant que la totalité de la cité ait de l'endurance – au sujet des hommes, il est clair que c'est le cas – a cependant négligé les femmes ; elles vivent en effet sans retenue, dans une totale licence et dans la lascivité[82].

7 De telle sorte qu'il est inévitable que, dans une tel régime, on prise la richesse, surtout si < les hommes > se trouvent dominés par les femmes comme c'est le cas de beaucoup de peuples militarisés et belliqueux, à l'exception des Celtes[83] et de quelques autres où les relations homosexuelles entre hommes sont manifestement en honneur. **8** Il semble en effet que le premier qui ait imaginé ce récit n'ait pas sans raison uni Arès et Aphrodite[84], car les gens de cette sorte semblent tous enclins soit à l'amour entre hommes, soit à l'amour des femmes. C'est pourquoi chez les Laconiens cette dernière forme d'amour était courante[85], et beaucoup d'affaires au temps de leur domination étaient traitées par les femmes. **9** Quoi qu'il en soit, quelle différence y a-t-il que les femmes gouvernent ou que les gouvernants soient gouvernés par les femmes ? Le résultat est identique. L'audace n'étant en rien utile dans la vie quotidienne, si ce n'est pour la guerre, même en ce domaine pourtant les femmes ont fait aux Laconiens le plus grand tort.

83. Pour Aristote, les Celtes pèchent par *manque de peur*, eux qui n'ont « peur de rien, ni d'un tremblement de terre, ni des vagues » (*Éth. Nic.*, III, 10, 1115 b 26-28). Voir aussi *Éth. Eud.*, III, 1, 1229 b 29.

84. Voir *Od.*, VIII, 266-369, où Démodocos chante les amours d'Arès et d'Aphrodite.

85. *Cf.* Plutarque, *Agis*, 7 et *Lycurgue*, 14.

χρήσιμοι μὲν γὰρ οὐδὲν ἦσαν, ὥσπερ ἐν ἑτέραις πόλεσιν, θόρυβον δὲ παρεῖχον πλείω τῶν πολεμίων. Ἐξ ἀρχῆς μὲν οὖν ἔοικε συμβεβηκέναι τοῖς Λάκωσιν εὐλόγως ἡ τῶν γυ- [1270 a] ναικῶν ἄνεσις· **11** ἔξω γὰρ τῆς οἰκείας διὰ τὰς στρατείας ἀπεξενοῦντο πολὺν χρόνον, πολεμοῦντες τόν τε πρὸς Ἀργείους πόλεμον καὶ πάλιν τὸν πρὸς Ἀρκάδας καὶ Μεσηνίους· σχολάσαντες δὲ αὐτοὺς μὲν παρεῖχον τῷ νομοθέτῃ προωδοπεποιημένους διὰ τὸν στρατιωτικὸν βίον (πολλὰ γὰρ ἔχει μέρη τῆς ἀρετῆς), τὰς δὲ γυναῖκάς φασι μὲν ἄγειν ἐπιχειρῆσαι τὸν Λυκοῦργον ὑπὸ τοὺς νόμους, ὡς δ' ἀντέκρουον, ἀποστῆναι πάλιν. **12** Αἰτίαι μὲν οὖν εἰσιν αὗται τῶν γενομένων, ὥστε δῆλον ὅτι καὶ ταύτης τῆς ἁμαρτίας· ἀλλ' ἡμεῖς οὐ τοῦτο σκοποῦμεν, τίνι δεῖ συγγνώμην ἔχειν ἢ μὴ ἔχειν, ἀλλὰ περὶ τοῦ ὀρθῶς καὶ μὴ ὀρθῶς. **13** Τὰ δὲ περὶ τὰς γυναῖκας ἔχοντα μὴ καλῶς ἔοικεν, ὥσπερ ἐλέχθη καὶ πρότερον, οὐ μόνον ἀπρέπειάν τινα ποιεῖν τῆς πολιτείας αὐτῆς καθ' αὑτήν, ἀλλὰ συμβάλλεσθαί τι πρὸς τὴν φιλοχρηματίαν. Μετὰ γὰρ τὰ νῦν ῥηθέντα τοῖς περὶ τὴν ἀνωμαλίαν τῆς κτήσεως ἐπιτιμήσειεν ἄν τις· **14** τοῖς μὲν γὰρ αὐτῶν συμβέβηκε κεκτῆσθαι πολλὴν λίαν οὐσίαν, τοῖς δὲ πάμπαν μικράν· διόπερ εἰς ὀλίγους ἧκεν ἡ χώρα. Τοῦτο δὲ καὶ διὰ τῶν νόμων τέτακται φαύλως· ὠνεῖσθαι μὲν γὰρ ἢ πωλεῖν τὴν ὑπάρχουσαν ἐποίησεν οὐ καλόν, ὀρθῶς ποιήσας, διδόναι δὲ καὶ καταλείπειν ἐξουσίαν ἔδωκε τοῖς βουλομένοις·

86. Pour avoir une explication de cette « exception lacédémonienne », *cf.* Xénophon, *Hell.*, VI, 5, 28 : « Dans Sparte, les femmes, qui n'avaient jamais vu l'ennemi, avaient peine à supporter même la vue de la fumée. » À Athènes, en revanche, s'il faut en croire

10 Elles le montrèrent lors de l'invasion des Thébains : elles ne furent en rien utiles, comme elles peuvent l'être dans les autres cités, mais elles causèrent plus de trouble que les ennemis[86]. En ce qui concerne les femmes, c'est donc dès l'origine que le relâchement des mœurs semble bien être survenu chez les Laconiens : **11** en raison des expéditions militaires, ils restaient longtemps loin de leur famille, guerroyant contre les Argiens, et ensuite contre les Arcadiens et les Messéniens ; les loisirs revenus, ils étaient préparés par la vie militaire (qui comporte bien des formes de vertu) à se mettre à la disposition du législateur ; mais pour les femmes, ils disent que Lycurgue a tenté de les soumettre aux lois mais, comme elles résistaient, il dut y renoncer.

12 Ces dernières sont donc les causes de ce qui s'est produit, comme il est évident qu'elles le sont aussi de cette erreur ; mais ce n'est pas cela que nous examinons, à savoir ce qu'on doit ou non pardonner, mais ce qui va ou non dans le bon sens.

13 Les erreurs au sujet de la condition des femmes, comme on l'a déjà dit, semblent non seulement entraîner une certaine inadaptation du régime en lui-même, mais aussi favoriser en quelque sorte l'amour de l'argent. Après ce qui vient d'être dit, en effet, on pourrait blâmer les mesures concernant l'inégalité de la propriété : **14** les uns en sont venus à posséder un patrimoine excessivement important, tandis que d'autres n'en ont qu'un très petit ; aussi la terre est-elle passée entre les mains de quelques uns. Mais ceci est dû à des lois fixées avec négligence ; car le législateur a fait en sorte qu'acheter ou vendre son patrimoine ne soit pas honorable, et il a bien fait, mais il a aussi accordé à ceux qui le voulaient la liberté de le donner ou de le laisser en héritage ; or,

Thucydide (I, 90, 3), comme à Argos (V, 82, 6), Platées (II, 4, 2-7) ou Corcyre (III, 73-74, 2), les femmes « secondent hardiment » les hommes. Sur tout ceci, *cf.* Loraux (1985).

καίτοι ταὐτὸ συμβαίνειν ἀναγκαῖον ἐκείνως τε καὶ οὕτως. 15 Ἔστι δὲ καὶ τῶν γυναικῶν σχεδὸν τῆς πάσης χώρας τῶν πέντε μερῶν τὰ δύο, τῶν τ' ἐπικλήρων πολλῶν γινομένων, καὶ διὰ τὸ προῖκας διδόναι μεγάλας. Καίτοι βέλτιον ἦν μηδεμίαν ἢ ὀλίγην ἢ καὶ μετρίαν τετάχθαι· νῦν δ' ἔξεστι δοῦναί τε τὴν ἐπίκληρον ὅτῳ ἂν βούληται· κἂν ἀποθάνῃ μὴ διαθέμενος, ὃν ἂν καταλίπῃ κληρονόμον, οὗτος ᾧ ἂν θέλῃ δίδωσιν· 16 τοιγαροῦν δυναμένης τῆς χώρας χιλίους ἱππεῖς τρέφειν καὶ πεντακοσίους καὶ ὁπλίτας τρισμυρίους, οὐδὲ χίλιοι τὸ πλῆθος ἦσαν. Γέγονε δὲ διὰ τῶν ἔργων αὐτῶν δῆλον ὅτι φαύλως αὐτοῖς εἶχε τὰ περὶ τὴν τάξιν ταύτην· μίαν γὰρ πληγὴν οὐχ ὑπήνεγκεν ἡ πόλις, ἀλλ' ἀπώλετο διὰ τὴν ὀλιγανθρωπίαν. 17 Λέγουσι δ' ὡς ἐπὶ μὲν τῶν προτέρων βασιλέων μετεδίδοσαν τῆς πολιτείας, ὥστ' οὐ γίνεσθαι τότε ὀλιγανθρωπίαν, πολεμούντων πολὺν χρόνον· καί φασιν εἶναί ποτε τοῖς Σπαρτιάταις καὶ μυρίους· οὐ μὴν ἀλλ' εἴτ' ἐστὶν ἀληθῆ ταῦτα εἴτε μή, βέλτιον τὸ διὰ τῆς κτήσεως ὡμαλισμένης πληθύειν ἀνδρῶν τὴν πόλιν. 18 Ὑπεναντίος δὲ καὶ ὁ περὶ τὴν τεκνοποιίαν νόμος πρὸς ταύτην τὴν διόρθω-
[1270 b] σιν. Βουλόμενος γὰρ ὁ νομοθέτης ὡς πλείστους εἶναι τοὺς Σπαρτιάτας, προάγεται τοὺς πολίτας ὅτι πλείστους ποιεῖσθαι παῖδας· ἔστι γὰρ αὐτοῖς νόμος τὸν μὲν γεννήσαντα τρεῖς υἱοὺς ἄφρουρον εἶναι, τὸν δὲ τέτταρας ἀτελῆ πάντων· 19 καίτοι φανερὸν ὅτι πολλῶν γινομένων, τῆς δὲ χώρας οὕτω διῃρημένης, ἀναγκαῖον πολλοὺς γίνεσθαι πένητας. Ἀλλὰ μὴν

87. Voir *Lexique – 2. Vocabulaire des institutions.*

88. Ce qu'autorise, au début du IVe siècle, la loi d'Épitadeus. Voir *Lexique – 2. Vocabulaire des institutions* : *klèros.*

89. Ce « manque d'hommes », l'*oliganthropie*, ne touche que les Spartiates, c'est-à-dire les *Homoioi*, citoyens de plein droit qui, faute

d'une manière ou de l'autre, le résultat est nécessairement le même.

15 Les deux cinquièmes environ de tout le territoire appartiennent aux femmes parce qu'il y a beaucoup de filles épiclères[87] et parce qu'on donne des dots considérables. Et certes, il eût mieux valu supprimer les dots ou n'en permettre que de faibles, ou tout au plus modérées ; mais en fait on a le droit de donner à qui l'on veut sa fille épiclère, et, si l'on meurt intestat, le tuteur chargé de la succession peut la donner à qui il veut[88]. **16** C'est pourquoi, dans ce pays capable de nourrir quinze cents cavaliers et trente mille hoplites, leur nombre n'était pas de mille. Mais les faits eux-mêmes ont rendu évident que cette disposition était défectueuse : la cité, en effet, n'a pas supporté une seule défaite et elle a péri par manque d'hommes[89].

17 On dit que, sous les premiers rois, on communiquait < à d'autres > le droit de cité, de telle sorte qu'à cette époque le manque d'hommes n'existait pas, malgré de longues périodes de guerre ; et on dit qu'alors les Spartiates furent même jusqu'à dix mille citoyens. Cependant, que cela soit vrai ou non, il vaut mieux que la cité abonde en hommes grâce à l'égalisation de la propriété. **18** Mais la loi sur la procréation va elle aussi à l'encontre de cette rectification. Car le législateur, voulant que les Spartiates soient plus nombreux, pousse les citoyens à faire le plus d'enfants possible ; ils ont en effet une loi qui exempte le père de trois fils du service militaire et celui de quatre de toute imposition. **19** Et certes il est clair que, devenant plus nombreux, tandis que le territoire reste divisé de la même manière, nécessairement beaucoup deviendront pauvres.

de ressources suffisantes, tombent dans la catégorie des *Hupomeiones*. De 5 000 hoplites spartiates à Platées (479), on passe à 700 à Leuctres (371).

καὶ τὰ περὶ τὴν ἐφορείαν ἔχει φαύλως. Ἡ γὰρ ἀρχὴ κυρία μὲν αὐτὴ τῶν μεγίστων αὐτοῖς ἐστιν, γίνονται δ' ἐκ τοῦ δήμου πάντες, ὥστε πολλάκις ἐμπίπτουσιν ἄνθρωποι σφόδρα πένητες εἰς τὸ ἀρχεῖον, οἳ διὰ τὴν ἀπορίαν ὤνιοι ἦσαν. 20 Ἐδήλωσαν δὲ πολλάκις μὲν καὶ πρότερον, καὶ νῦν δὲ ἐν τοῖς Ἀνδρίοις· διαφθαρέντες γὰρ ἀργυρίῳ τινές, ὅσον ἐφ' ἑαυτοῖς, ὅλην τὴν πόλιν ἀπώλεσαν. Καὶ διὰ τὸ τὴν ἀρχὴν εἶναι λίαν μεγάλην καὶ ἰσοτύραννον δημαγωγεῖν αὐτοὺς ἠναγκάζοντο καὶ οἱ βασιλεῖς, ὥστε καὶ ταύτῃ συνεπιβλάπτεσθαι τὴν πολιτείαν· δημοκρατία γὰρ ἐξ ἀριστοκρατίας συνέβαινεν. 21 Συνέχει μὲν οὖν τὴν πολιτείαν τὸ ἀρχεῖον τοῦτο· ἡσυχάζει γὰρ ὁ δῆμος διὰ τὸ μετέχειν τῆς μεγίστης ἀρχῆς, ὥστ' εἴτε διὰ τὸν νομοθέτην εἴτε διὰ τύχην τοῦτο συμπέπτωκεν, συμφερόντως ἔχει τοῖς πράγμασιν. 22 Δεῖ γὰρ τὴν πολιτείαν τὴν μέλλουσαν σῴζεσθαι πάντα βούλεσθαι τὰ μέρη τῆς πόλεως εἶναι καὶ διαμένειν αὐτά· οἱ μὲν οὖν βασιλεῖς διὰ τὴν αὑτῶν τιμὴν οὕτως ἔχουσιν, οἱ δὲ καλοὶ κἀγαθοὶ διὰ τὴν γερουσίαν (ἆθλον γὰρ ἡ ἀρχὴ αὕτη τῆς ἀρετῆς ἐστιν), ὁ δὲ δῆμος διὰ τὴν ἐφορείαν (καθίσταται γὰρ ἐξ ἁπάντων)· 23 ἀλλ' αἱρετὴν ἔδει τὴν ἀρχὴν εἶναι ταύτην ἐξ ἁπάντων μέν, μὴ τὸν τρόπον δὲ τοῦτον ὃν νῦν· παιδαριώδης γάρ ἐστι λίαν. Ἔτι δὲ καὶ κρίσεών εἰσι μεγάλων κύριοι, ὄντες οἱ τυχόντες· διόπερ οὐκ αὐτογνώμονας βέλτιον κρίνειν ἀλλὰ κατὰ γράμματα καὶ τοὺς νόμους. 24 Ἔστι δὲ καὶ ἡ δίαιτα τῶν ἐφόρων οὐχ ὁμολογουμένη τῷ βουλήματι τῆς πόλεως· αὐτὴ μὲν γὰρ ἀνειμένη λίαν

90. On ne peut savoir exactement de quelle « affaire » il s'agit. Voir l'hypothèse de W. L. Newman (1887-1902), vol. II, p. 333.

91. *Cf.* Xénophon, *Rép. Lac.*, VIII, 4.

D'autre part, ce qui concerne l'éphorat est également défectueux. Cette magistrature a chez eux pleine autorité sur les affaires les plus importantes, mais tous < les éphores > sont issus du peuple, de telle sorte que sont fréquemment portés à cette magistrature des hommes très pauvres, rendus vénaux en raison de leur manque de ressources. **20** Ils l'ont montré souvent autrefois, et de nos jours encore dans l'affaire d'Andros[90] ; certains, en effet, corrompus par l'argent, perdirent autant qu'il dépendait d'eux la cité tout entière. De même, parce que leur pouvoir était tout à fait excessif et égal à celui d'un tyran[91], les rois furent également contraints de se les concilier, de telle sorte que, par là aussi, le régime fut lésé en sa totalité : la démocratie survint, procédant de l'aristocratie.

21 Sans aucun doute cette magistrature assure le maintien du régime; car le peuple se tient tranquille du fait qu'il a part à la charge suprême, de telle sorte que ce résultat, œuvre du législateur ou du hasard, arrange bien les affaires. **22** Pour que le régime soit à l'abri du danger il faut en effet que toutes les parties de la cité veuillent elles-mêmes qu'il existe et se maintienne fermement. Or il en est ainsi des rois, à cause de l'honneur dont ils jouissent, des gens de bien à cause de la gérousie (puisque cette charge est la récompense de la vertu), du peuple à cause de l'éphorat (car tous peuvent y accéder). **23** À la vérité il fallait que tous fussent éligibles à cette charge, mais non pas selon le mode actuel, qui est trop puéril[92]. De surcroît ils sont maîtres de décisions judiciaires importantes, bien qu'ils soient les premiers venus ; c'est pourquoi il vaudrait mieux qu'ils tranchent non d'après leur propre jugement mais selon des règles écrites et des lois. **24** Et de même le genre de vie des éphores n'est pas non plus en accord avec l'intention de

92. On ne sait pas quel était ce mode d'élection, par acclamation – comme les gérontes –, par tirage au sort, ou choix après consultation des auspices.

ἐστίν, ἐν δὲ τοῖς ἄλλοις μᾶλλον ὑπερβάλλει ἐπὶ τὸ σκληρόν, ὥστε μὴ δύνασθαι καρτερεῖν ἀλλὰ λάθρᾳ τὸν νόμον ἀποδιδράσκοντας ἀπολαύειν τῶν σωματικῶν ἡδονῶν. Ἔχει δὲ καὶ τὰ περὶ τὴν τῶν γερόντων ἀρχὴν οὐ καλῶς αὐτοῖς· 25 ἐπιεικῶν μὲν γὰρ ὄντων καὶ πεπαιδευμένων ἱκανῶς πρὸς ἀνδραγαθίαν τάχ' ἂν εἴπειέ τις συμφέρειν τῇ πόλει, καίτοι τό γε διὰ βίου κυρίους εἶναι κρίσεων μεγάλων ἀμφισβητήσιμον, ἔστι γάρ, ὥσπερ καὶ σώματος, καὶ διανοίας [1271 a] γῆρας· τὸν τρόπον δὲ τοῦτον πεπαιδευμένων ὥστε καὶ τὸν νομοθέτην αὐτὸν ἀπιστεῖν ὡς οὐκ ἀγαθοῖς ἀνδράσιν, οὐκ ἀσφαλές. 26 Φαίνονται δὲ καὶ καταδωροδοκούμενοι καὶ καταχαριζόμενοι πολλά τῶν κοινῶν οἱ κεκοινωνηκότες τῆς ἀρχῆς ταύτης· διόπερ βέλτιον αὐτοὺς μὴ ἀνευθύνους εἶναι, νῦν δ' εἰσίν. Δόξειε δ' ἂν ἡ τῶν ἐφόρων ἀρχὴ πάσας εὐθύνειν τὰς ἀρχάς, τοῦτο δὲ τῇ ἐφορείᾳ μέγα λίαν τὸ δῶρον, καὶ τὸν τρόπον οὐ τοῦτον λέγομεν διδόναι δεῖν τὰς εὐθύνας. 27 Ἔτι δὲ καὶ τὴν αἵρεσιν ἣν ποιοῦνται τῶν γερόντων, κατά τε τὴν κρίσιν ἐστὶ παιδαριώδης, καὶ τὸ αὐτὸν αἰτεῖσθαι τὸν ἀξιωθησόμενον τῆς ἀρχῆς οὐκ ὀρθῶς ἔχει· δεῖ γὰρ καὶ βουλόμενον καὶ μὴ βουλόμενον ἄρχειν τὸν ἄξιον τῆς ἀρχῆς.

93. Plutarque, dans son traité *Faut-il confier l'État à un vieillard ?*, fait remarquer que si les honneurs accordés à la vieillesse suscitent l'admiration, c'est parce qu'on oublie – ou qu'on feint d'oublier – quels en sont les effets tant sur le corps que sur l'esprit : « Cela fait bien de voir le vieillard prendre la parole, faire quelque chose, être entouré d'honneurs. Mais quand il passe la journée dans son lit, mais quand il est assis au coin du porche, radotant et s'essuyant le nez, c'est autre chose ! » (VIII, 788 a-e). Voir également Aristote, *Rhét.*, II, 13.

la cité : il est en effet d'un relâchement excessif ; or pour les autres < citoyens >, il est d'une rigidité si extrême qu'ils ne peuvent le supporter mais, échappant secrètement à la loi, ils jouissent en cachette des plaisirs du corps.

Tout ce qui chez eux concerne la charge des gérontes n'est pas non plus au point. **25** S'il s'agissait d'hommes équitables et suffisamment formés par leur éducation aux vertus viriles, on pourrait sans doute dire qu'elle est utile à la cité ; toutefois, le fait qu'ils soient à vie maîtres de décisions judiciaires importantes est contestable, car il y a, comme pour le corps, une vieillesse de l'esprit[93] ; mais, ayant été éduqués de telle manière que le législateur lui-même ne peut se fier à eux comme à des hommes de bien, cela n'est pas sans danger. **26** Et encore, ceux qui ont cette charge en commun semblent s'être laissés corrompre par des présents et avoir sacrifié beaucoup des biens publics au désir de plaire ; c'est pourquoi il vaut mieux qu'ils ne soient pas dispensés de rendre des comptes ; or ils le sont actuellement. On pourrait envisager que la charge des éphores soumette toutes les charges à reddition de comptes, mais ce serait faire un trop grand cadeau à l'éphorat, et ce n'est pas de cette manière, à notre avis, qu'on doit rendre des comptes.

27 De plus, en ce qui concerne l'élection qui fait les gérontes, celle-ci, lors de la décision finale, est puérile[94] et il n'est pas correct que celui qui sera jugé digne d'une charge la sollicite en personne ; car celui qui est digne d'une charge doit l'exercer, qu'il le veuille ou non.

94. Éd. Will rappelle, dans une courte note infrapaginale, en quoi le système d'élection des gérontes par acclamation était à la fois « primitif » et « malhonnête » : « Enfermés dans un bâtiment, les "scrutateurs" *estimaient* l'intensité des acclamations… » (Will [1972], p. 439 n. 2). Voir Plutarque, *Lycurgue*, 26.

28 Νῦν δ' ὅπερ καὶ περὶ τὴν ἄλλην πολιτείαν ὁ νομοθέτης φαίνεται ποιῶν· φιλοτίμους γὰρ κατασκευάζων τοὺς πολίτας τούτῳ κέχρηται πρὸς τὴν αἵρεσιν τῶν γερόντων· οὐδεὶς γὰρ ἂν ἄρχειν αἰτήσαιτο μὴ φιλότιμος ὤν· καίτοι τῶν γ' ἀδικημάτων τῶν ἑκουσίων τὰ πλεῖστα συμβαίνει σχεδὸν διὰ φιλοτιμίαν καὶ διὰ φιλοχρηματίαν τοῖς ἀνθρώποις. 29 Περὶ δὲ βασιλείας, εἰ μὲν μὴ βέλτιόν ἐστιν ὑπάρχειν ταῖς πόλεσιν ἢ βέλτιον, ἄλλος ἔστω λόγος· ἀλλὰ μὴν βέλτιόν γε μὴ καθάπερ νῦν, ἀλλὰ κατὰ τὸν αὐτοῦ βίον ἕκαστον κρίνεσθαι τῶν βασιλέων. 30 Ὅτι δ' ὁ νομοθέτης οὐδ' αὐτὸς οἴεται δύνασθαι ποιεῖν καλοὺς κἀγαθούς, δῆλον· ἀπιστεῖ γοῦν ὡς οὐκ οὖσιν ἱκανῶς ἀγαθοῖς ἀνδράσιν· διόπερ ἐξέπεμπον συμπρεσβευτὰς τοὺς ἐχθρούς, καὶ σωτηρίαν ἐνόμιζον τῇ πόλει εἶναι τὸ στασιάζειν τοὺς βασιλεῖς. Οὐ καλῶς δ' οὐδὲ περὶ τὰ συσσίτια τὰ καλούμενα φιδίτια νενομοθέτηται τῷ καταστήσαντι πρῶτον· 31 ἔδει γὰρ ἀπὸ κοινοῦ μᾶλλον εἶναι τὴν σύνοδον, καθάπερ ἐν Κρήτῃ, παρὰ δὲ τοῖς Λάκωσιν ἕκαστον δεῖ φέρειν, καὶ σφόδρα πενήτων ἐνίων ὄντων καὶ τοῦτο τὸ ἀνάλωμα οὐ δυναμένων δαπανᾶν, ὥστε συμβαίνει τοὐναντίον τῷ νομοθέτῃ τῆς προαιρέσεως. 32 Βούλεται μὲν γὰρ δημοκρατικὸν εἶναι τὸ κατασκεύασμα τῶν συσσιτίων, γίνεται δ' ἥκιστα δημοκρατικὸν οὕτω νενομοθετημένον· μετέχειν μὲν γὰρ οὐ ῥᾴδιον τοῖς λίαν πένησιν, ὅρος δὲ τῆς πολιτείας οὗτός ἐστιν αὐτοῖς ὁ πάτριος, τὸν μὴ δυνάμενον τοῦτο τὸ

95. Sur le *délit (adikèma)*, qui est une injustice volontaire, laquelle doit être distinguée de la *méprise (amartèma)* et de l'*accident malheureux (atuchèma)*, voir *Éth. Nic.*, V, 10, 1135 b 8-25 ; *Rhét.*, I, 13, 1374 b 1-10 et I, 14.

96. *Pol.*, III, 14-17

28 Ici, au contraire, il est évident que le législateur fait ce qu'il a fait pour le reste du régime : supposant en effet que les citoyens sont ambitieux, il s'en est servi pour l'élection des gérontes ; car personne ne solliciterait cette charge s'il n'était ambitieux. Et en vérité la plupart des délits[95] surviennent à cause de l'ambition et de la cupidité présentes chez les hommes.

29 Quant à la royauté, s'il vaut mieux pour les cités qu'elle existe ou non, ce sera l'objet d'une autre analyse[96]. Mais vraiment, il vaut mieux du moins que ce ne soit pas comme ici que les rois soient choisis[97], mais compte tenu de la manière de vivre de chacun. **30** Mais que le législateur ne pense pas lui-même être capable d'en faire des gens de bien, cela est clair ; en tout cas, il s'en défie comme s'ils n'étaient pas des hommes suffisamment vertueux ; c'est pourquoi c'était des adversaires qu'on envoyait au-dehors comme collègues pour une ambassade, et on pensait que, pour la cité, la sauvegarde résidait dans la dissension entre les rois. N'est pas satisfaisant non plus ce qui touche aux *syssities*, appelées *phidities* par celui qui les a instituées au début. **31** Car il aurait plutôt fallu que la réunion soit prise en charge par la communauté, comme en Crète, tandis que chez les Laconiens chacun doit apporter son écot, et certains, étant très pauvres, sont dans l'incapacité de le faire, de telle sorte qu'il se produit le contraire de ce qui était dans l'intention du législateur.

32 Il veut en effet que l'organisation des *syssities* soit démocratique, mais de telles dispositions légales la rendent rien moins que démocratique ; il n'est pas facile en effet aux citoyens trop pauvres d'y participer, or c'est leur définition traditionnelle de la citoyenneté que celui qui ne peut s'acquitter de ce paiement n'y participe pas.

97. Les deux rois sont choisis dans les deux familles des Agides et des Eurypontides. Sur leur impuissance politique, et leurs attributions, *cf.* Will (1972), p. 440.

τέλος φέρειν μὴ μετέχειν αὐτῆς. 33 Τῷ δὲ περὶ τοὺς ναυάρχους νόμῳ καὶ ἕτεροί τινες ἐπιτετιμήκασιν, ὀρθῶς ἐπιτιμῶντες, στάσεως γὰρ γίνεται αἴτιος· ἐπὶ γὰρ τοῖς βασιλεῦσιν οὖσι στρατηγοῖς ἀϊδίοις ἡ ναυαρχία σχεδὸν ἑτέρα βασιλεία καθέστηκεν. 34 Καὶ ὡδὶ δὲ τῇ ὑποθέσει τοῦ νομοθέτου [1271 b] ἐπιτιμήσειεν ἄν τις, ὅπερ καὶ Πλάτων ἐν τοῖς νόμοις ἐπιτετίμηκεν· πρὸς γὰρ μέρος ἀρετῆς ἡ πᾶσα σύνταξις τῶν νόμων ἐστί, τὴν πολεμικήν, αὕτη γὰρ χρησίμη πρὸς τὸ κρατεῖν· τοιγαροῦν ἐσῴζοντο μὲν πολεμοῦντες, ἀπώλλυντο δὲ ἄρξαντες διὰ τὸ μὴ ἐπίστασθαι σχολάζειν μηδὲ ἠσκηκέναι μηδεμίαν ἄσκησιν ἑτέραν κυριωτέραν τῆς πολεμικῆς. 35 Τούτου δὲ ἁμάρτημα οὐκ ἔλαττον· νομίζουσι μὲν γὰρ γίνεσθαι τἀγαθὰ τὰ περιμάχητα δι' ἀρετῆς μᾶλλον ἢ κακίας, καὶ τοῦτο μὲν καλῶς, ὅτι μέντοι ταῦτα κρείττω τῆς ἀρετῆς ὑπολαμβάνουσιν, οὐ καλῶς. 36 Φαύλως δ' ἔχει καὶ περὶ τὰ κοινὰ χρήματα τοῖς Σπαρτιάταις· οὔτε γὰρ ἐν τῷ κοινῷ τῆς πόλεως ἔστιν οὐδὲν πολέμους μεγάλους ἀναγκαζομένοις πολεμεῖν, εἰσφέρουσί τε κακῶς· διὰ γὰρ τὸ τῶν Σπαρτιατῶν εἶναι τὴν πλείστην γῆν οὐκ ἐξετάζουσιν ἀλλήλων τὰς εἰσφοράς· 37 ἀποβέβηκέ τε τοὐναντίον τῷ νομοθέτῃ τοῦ συμφέροντος· τὴν μὲν γὰρ πόλιν πεποίηκεν ἀχρήματον, τοὺς δ' ἰδιώτας φιλοχρηματους. Περὶ μὲν οὖν τῆς Λακεδαιμονίων πολιτείας ἐπὶ τοσοῦτον εἰρήσθω· ταῦτα γάρ ἐστιν ἃ μάλιστ' ἄν τις ἐπιτιμήσειεν.

98. Les *navarques*, ou commandants de la flotte, ont la responsabilité des affaires navales, en temps de guerre, mais aussi en temps de paix.

33 Quant à la loi relative aux navarques, d'autres l'ont blâmée aussi, et blâmée avec raison, parce qu'elle est une cause de sédition : à côté des rois qui sont stratèges à vie, la navarchie constitue presque une autre royauté[98].

34 Et on pourrait s'attaquer de cette manière au principe de base du législateur, celui-là même que Platon aussi a attaqué dans ses *Lois*[99] : tout le système des lois existe en vue d'une partie de la vertu, à savoir la vertu guerrière, car c'est elle qui sert à dominer ; voilà donc pourquoi ils ont été épargnés tant qu'ils ont fait la guerre, mais ils ont été perdus dès qu'ils l'ont emporté faute de savoir jouir du loisir et de s'être jamais exercés à aucun autre exercice plus important que celui de la guerre. **35** Une autre erreur non moins grave, c'est qu'ils croient que les biens pour lesquels on se bat s'obtiennent par la vertu plutôt que par le vice : sur ce point ils ont raison ; mais en mettant ces biens au-dessus de la vertu, ils ont tort[100].

36 Mais est aussi défectueux tout ce qui touche, chez les Spartiates, aux ressources communes ; car il n'y a rien dans le trésor public de la cité alors qu'ils sont contraints de soutenir de grandes guerres, et ils y contribuent mal ; en effet, comme la majeure partie de la terre appartient aux Spartiates, ils n'examinent pas avec soin les versements des uns et des autres. **37** Et le législateur a obtenu un résultat contraire à l'intérêt général : car il a fait une cité sans argent et des particuliers avides d'argent.

Au sujet du régime des Lacédémoniens ce qui a été dit suffit : tels sont les principaux reproches qu'on peut lui adresser.

99. *Lois*, I, 625 c - 638 b ; II, 666 e - 667 a ; III, 688 a-d ; IV, 705 d.

100. L'*Éthique à Nicomaque* (IX, 8, 1168 b 15-19) précise quels sont ces biens « pour lesquels on se bat » *(perimachéta)* : il s'agit des richesses, des honneurs et des plaisirs du corps.

X 1 Ἡ δὲ Κρητικὴ πολιτεία πάρεγγυς μέν ἐστι ταύτης, ἔχει δὲ μικρὰ μὲν οὐ χεῖρον, τὸ δὲ πλεῖον ἧττον γλαφυρῶς. Καὶ γὰρ ἔοικε καὶ λέγεται δὲ τὰ πλεῖστα μεμιμῆσθαι τὴν Κρητικὴν πολιτείαν ἡ τῶν Λακώνων· τὰ δὲ πλεῖστα τῶν ἀρχαίων ἧττον διήρθρωται τῶν νεωτέρων. 2 Φασὶ γὰρ τὸν Λυκοῦργον, ὅτε τὴν ἐπιτροπείαν τὴν Χαρίλλου τοῦ βασιλέως καταλιπὼν ἀπεδήμησεν, τότε τὸν πλεῖστον διατρῖψαι χρόνον περὶ Κρήτην διὰ τὴν συγγένειαν· ἄποικοι γὰρ οἱ Λύκτιοι τῶν Λακώνων ἦσαν, κατέλαβον δ' οἱ πρὸς τὴν ἀποικίαν ἐλθόντες τὴν τάξιν τῶν νόμων ὑπάρχουσαν ἐν τοῖς τότε κατοικοῦσιν· 3 διὸ καὶ νῦν οἱ περίοικοι τὸν αὐτὸν τρόπον χρῶνται αὐτοῖς, ὡς κατασκευάσαντος Μίνω πρώτου τὴν τάξιν τῶν νόμων. Δοκεῖ δ' ἡ νῆσος καὶ πρὸς τὴν ἀρχὴν τὴν Ἑλληνικὴν πεφυκέναι καὶ κεῖσθαι καλῶς· πάσῃ γὰρ ἐπίκειται τῇ θαλάσσῃ, σχεδὸν τῶν Ἑλλήνων ἱδρυμένων περὶ τὴν θάλασσαν πάντων· ἀπέχει γὰρ τῇ μὲν τῆς Πελοποννήσου μικρόν, τῇ δὲ τῆς Ἀσίας τοῦ περὶ Τριόπιον τόπου καὶ Ῥόδου. 4 Διὸ καὶ τὴν τῆς θαλάσσης ἀρχὴν κατέσχεν ὁ Μίνως, καὶ τὰς νήσους τὰς μὲν ἐχειρώσατο τὰς δ' ᾤκισεν, τέλος δὲ ἐπιθέμενος τῇ Σικελίᾳ τὸν βίον ἐτελεύτησεν ἐκεῖ περὶ Κάμικον. Ἔχει δ' ἀνάλογον ἡ Κρητικὴ τάξις πρὸς τὴν Λακωνικήν· 5 γεωργοῦσί τε γὰρ τοῖς μὲν εἵλω-
[1272 a] τες, τοῖς δὲ Κρησὶν οἱ περίοικοι, καὶ συσσίτια παρ' ἀμφοτέροις ἔστιν, καὶ τό γε ἀρχαῖον ἐκάλουν οἱ Λάκωνες οὐ φιδίτια ἀλλὰ ἄνδρια, καθάπερ οἱ Κρῆτες, ᾗ καὶ δῆλον ὅτι

101. *Cf.* Hdt, I, 65, 18-21 : « Comme le disent les Lacédémoniens eux-mêmes, Lycurgue […] importa de la Crète <la constitution établie maintenant chez les Spartiates>. »

102. Il faut remarquer l'étroitesse du lien qui unit Laconiens et Crétois : la *suggeneia* (l. 27) dénotant, selon le mot de M. Casevitz (1985), p. 119, « un rapport "horizontal" […] entre peuples de même ethnie » – ici entre Doriens –, et l'*apoikia* (l. 29), « un rapport "verti-

X 1 Le régime crétois se rapproche de celui-ci : sur un petit nombre de points il ne lui est pas inférieur, mais la plupart sont moins travaillés. Et en effet il semble – et on le dit – que sur de très nombreux points celui des Laconiens imite le régime crétois ; or les régimes d'autrefois sont, pour un très grand nombre d'entre eux, exposés moins nettement que les plus récents. **2** On dit en effet que Lycurgue[101], lorsqu'il abandonna la tutelle du roi Charillos pour voyager, passa la plus grande partie de son temps en Crète, à cause de leur parenté : les Lyctiens, en effet, étaient des colons laconiens[102], mais ceux qui allèrent fonder la colonie s'approprièrent le système législatif de ceux chez qui, alors, ils s'étaient établis. **3** C'est pourquoi maintenant aussi, de la même manière, les périèques s'y conforment comme étant un système législatif établi par Minos le premier.

Il semble que l'île, et par la nature et par sa situation favorable, est destinée à la domination de la Grèce : elle commande à toute la mer sur les rivages de laquelle sont installés presque tous les Grecs ; d'un côté, elle n'est pas loin du Péloponnèse, de l'autre de l'Asie à hauteur du cap Triope et de Rhodes. **4** C'est pourquoi Minos posséda l'empire de la mer, conquit certaines îles et colonisa les autres, s'attaqua enfin à la Sicile, où il finit ses jours près de Camicos[103]. Le système crétois est l'analogue[104] de celui des Laconiens : **5** c'est pour eux que les hilotes cultivent la terre, et les périèques pour les Crétois ; chez les deux peuples il y a des *syssities*, et à l'origine les Laconiens ne les appelaient pas *phidities* mais *andries*, comme les Crétois, ce qui montre que cette institution est venue de là.

cal" d'un peuple ou d'une cité à un autre peuple, une autre cité, rapport d'*origine* ».

103. Sur cette thalassocratie du roi Minos, *cf.* Thuc., I, 4-5, 8.

104. La relation d'analogie se rencontre aussi bien en politique qu'en biologie, mais elle ne s'y « conjugue pas de la même manière » : *cf.* la mise au point de P. Pellegrin, « Nature, excellence, diversité. Politique et biologie chez Aristote », in *Aristoteles « Politik »*, p. 148.

ἐκεῖθεν ἐλήλυθεν. 6 Ἔτι δὲ τῆς πολιτείας ἡ τάξις· οἱ μὲν γὰρ ἔφοροι τὴν αὐτὴν ἔχουσι δύναμιν τοῖς ἐν τῇ Κρήτῃ καλουμένοις κόσμοις, πλὴν οἱ μὲν ἔφοροι πέντε τὸν ἀριθμόν, οἱ δὲ κόσμοι δέκα εἰσίν· οἱ δὲ γέροντες τοῖς γέρουσιν, οὓς καλοῦσιν οἱ Κρῆτες βουλήν, ἴσοι· βασιλεία δὲ πρότερον μὲν ἦν, εἶτα κατέλυσαν οἱ Κρῆτες, καὶ τὴν ἡγεμονίαν οἱ κόσμοι τὴν κατὰ πόλεμον ἔχουσιν· 7 ἐκκλησίας δὲ μετέχουσι πάντες, κυρία δ' οὐδενός ἐστιν ἀλλ' ἢ συνεπιψηφίσαι τὰ δόξαντα τοῖς γέρουσι καὶ τοῖς κόσμοις. Τὰ μὲν οὖν τῶν συσσιτίων ἔχει βέλτιον τοῖς Κρησὶν ἢ τοῖς Λάκωσιν· ἐν μὲν γὰρ Λακεδαίμονι κατὰ κεφαλὴν ἕκαστος εἰσφέρει τὸ τεταγμένον, εἰ δὲ μή, μετέχειν νόμος κωλύει τῆς πολιτείας, καθάπερ εἴρηται καὶ πρότερον, 8 ἐν δὲ Κρήτῃ κοινοτέρως· ἀπὸ πάντων γὰρ τῶν γινομένων καρπῶν τε καὶ βοσκημάτων ἐκ τῶν δημοσίων καὶ φόρων οὓς φέρουσιν οἱ περίοικοι, τέτακται μέρος τὸ μὲν πρὸς τοὺς θεοὺς καὶ τὰς κοινὰς λειτουργίας, τὸ δὲ τοῖς συσσιτίοις, ὥστ' ἐκ κοινοῦ τρέφεσθαι πάντας, καὶ γυναῖκας καὶ παῖδας καὶ ἄνδρας· 9 πρὸς δὲ τὴν ὀλιγοσιτίαν ὡς ὠφέλιμον πολλὰ πεφιλοσόφηκεν ὁ νομοθέτης, καί πρὸς τὴν διάζευξιν τῶν γυναικῶν, ἵνα μὴ πολυτεκνῶσι, τὴν πρὸς τοὺς ἄρρενας ποιήσας ὁμιλίαν, περὶ ἧς εἰ φαύλως ἢ μὴ φαύλως, ἕτερος ἔσται τοῦ διασκέψασθαι καιρός· ὅτι δὲ τὰ περὶ τὰ συσσίτια βέλτιον τέτακται τοῖς Κρησὶν ἢ τοῖς Λάκωσι, φανερόν. Τὰ δὲ περὶ τοὺς κόσμους ἔτι χεῖρον τῶν ἐφόρων· 10 ὃ μὲν γὰρ ἔχει κακὸν τὸ τῶν ἐφόρων ἀρχεῖον, ὑπάρχει καὶ τούτοις·

105. Hérodote (IV, 154) parle en effet d'une ville crétoise, Oaxos, où résidait le roi Étéarchos, au sens strict le « chef véritable ».

6 Analogue aussi l'organisation du régime : les éphores, en effet, ont le même pouvoir que ceux qui, en Crète, sont appelés *cosmes*, si ce n'est que le nombre des éphores est de cinq, celui des cosmes de dix. Les gérontes correspondent aux *anciens*, que les Crétois appellent le Conseil ; auparavant il y avait une royauté[105], mais par la suite les Crétois la renversèrent, et les *cosmes* ont maintenant la direction des opérations de guerre ; **7** tous participent à l'assemblée, mais elle n'est maîtresse de rien si ce n'est de confirmer par son suffrage les opinions exprimées par les anciens et par les cosmes. Sans aucun doute, ce qui touche aux *syssities* est meilleur chez les Crétois que chez les Laconiens : car chez les Lacédémoniens chacun apporte une contribution par tête, et si ce n'est pas le cas une loi l'empêche de participer au régime, comme on l'a dit auparavant, **8** mais en Crète, elles ont un caractère plus communautaire : sur tous les produits de la terre et sur tous les troupeaux provenant des biens publics et des contributions qu'apportent les périèques, on fixe une part pour le culte des dieux et les services publics, et l'autre pour les *syssities* de telle sorte que tous, femmes, enfants et hommes sont nourris à frais commun ; **9** pour la restriction de consommation qu'il juge utile, le législateur s'est appliqué avec sagesse à trouver de nombreuses dispositions, et pour détourner des femmes, afin qu'elles n'aient pas trop d'enfants, il a permis les relations homosexuelles entre hommes[106] ; est-ce un bien ou un mal, on l'examinera à une autre occasion ; mais pour ce qui est des *syssities*, qu'elles aient été mieux organisées chez les Crétois que chez les Laconiens, la chose est claire.

En ce qui concerne les cosmes, c'est encore pire que pour les éphores ; **10** car ce que le corps des éphores a de mauvais existe aussi pour les cosmes, puisque les

106. Sur l'homosexualité chez les Doriens, *cf.* Dover (1982), pp. 225-239.

γίνονται γὰρ οἱ τυχόντες· ὃ δ' ἐκεῖ συμφέρει πρὸς τὴν πολιτείαν, ἐνταῦθ' οὐκ ἔστιν. Ἐκεῖ μὲν γάρ, διὰ τὸ τὴν αἵρεσιν ἐκ πάντων εἶναι, μετέχων ὁ δῆμος τῆς μεγίστης ἀρχῆς βούλεται μένειν τὴν πολιτείαν· ἐνταῦθα δ' οὐκ ἐξ ἁπάντων αἱροῦνται τοὺς κόσμους ἀλλ' ἐκ τινῶν γενῶν, καὶ τοὺς γέροντας ἐκ τῶν κεκοσμηκότων· **11** περὶ ὧν τοὺς αὐτοὺς ἄν τις εἴπειε λόγους καὶ περὶ τῶν ἐν Λακεδαίμονι γινομένων· τὸ γὰρ ἀνυπεύθυνον καὶ τὸ διὰ βίου μεῖζόν ἐστι γέρας τῆς ἀξίας αὐτοῖς, καὶ τὸ μὴ κατὰ γράμματα ἄρχειν ἀλλ' αὐτογνώμονας ἐπισφαλές. **12** Τὸ δ' ἡσυχάζειν μὴ μετέχοντα τὸν δῆμον οὐδὲν σημεῖον τοῦ τετάχθαι καλῶς· οὐδὲν γὰρ λήμματός τι τοῖς κόσμοις ὥσπερ τοῖς ἐφόροις, πόρρω γ' [1272 b] ἀποικοῦσιν ἐν νήσῳ τῶν διαφθερούντων. **13** Ἣν δὲ ποιοῦνται τῆς ἁμαρτίας ταύτης ἰατρείαν, ἄτοπος καὶ οὐ πολιτικὴ ἀλλὰ δυναστευτική· πολλάκις γὰρ ἐκβάλλουσι συστάντες τινὲς τοὺς κόσμους ἢ τῶν συναρχόντων αὐτῶν ἢ τῶν ἰδιωτῶν· ἔξεστι δὲ καὶ μεταξὺ τοῖς κόσμοις ἀπειπεῖν τὴν ἀρχήν· ταῦτα δὴ πάντα βέλτιον γίνεσθαι κατὰ νόμον ἢ κατ' ἀνθρώπων βούλησιν· οὐ γὰρ ἀσφαλὴς ὁ κανών. **14** Πάντων δὲ φαυλότα-

107. C'est-à-dire les *anciens*.

108. En d'autres termes, si les *cosmes* ne sont pas corrompus, évitant ainsi la colère du peuple, ce n'est pas en raison de leurs vertus propres, ou des qualités intrinsèques de leur constitution, mais de l'insularité de la Crète.

premiers venus peuvent le devenir ; mais ce qu'il y a d'avantageux pour le régime ne s'y retrouve pas. Là, en effet, en raison du fait que tous sont éligibles, le peuple – participant à la plus haute charge – souhaite le maintien du régime ; ici, au contraire, les cosmes sont élus non pas entre tous les citoyens, mais dans certaines familles, et les anciens seulement parmi ceux qui ont été cosmes.

11 Au sujet de ces derniers[107], on pourrait tenir le même langage que pour ceux de Lacédémone ; la dispense de reddition de comptes et le pouvoir à vie sont en effet des privilèges trop grands pour leurs mérites ; et il est dangereux de les laisser exercer leur autorité, non d'après des règles écrites, mais selon leur propre jugement. **12** Le fait que le peuple se tienne tranquille bien que ne participant pas à cette charge n'est pourtant pas le signe d'une bonne organisation, car les cosmes ne peuvent pas tirer profit de leur fonction comme les éphores : dans leur île, ils sont bien loin de ce qui pourrait les corrompre[108].

13 Pour remédier à ce défaut, les Crétois ont un moyen étrange, marque d'un pouvoir moins politique que discrétionnaire[109] ; souvent, en effet, certains, parmi ceux qui partagent leur charge ou parmi les simples particuliers, s'associent pour chasser les cosmes ; mais il est aussi possible aux cosmes d'abandonner leur charge à mi-mandat ; en vérité il vaut mieux que tout ceci se produise conformément à la loi qu'en suivant la volonté des hommes, car ce n'est pas une règle sûre.

109. Je rends ainsi *dunasteutikè*. Pouvoir discrétionnaire puisque le pouvoir de décision [abandonner la charge ou la suspendre] dépend uniquement de la *volonté* des uns [les *cosmes*] ou des autres [les puissants] et non de la *loi*. Cf. *Pol.*, III, 16, 1287 a 28-32 : lorsqu'un homme gouverne, et pas seulement la loi, au gouvernement de l'intelligence s'ajoute le gouvernement d'une bête « car le désir aveugle est comme une bête, et l'emportement de la passion bouleverse les gouvernants, même les meilleurs des hommes ».

τον τὸ τῆς ἀκοσμίας τῶν δυνατῶν, ἣν καθιστᾶσι πολλάκις ὅταν μὴ δίκας βούλωνται δοῦναι. ᾗ καὶ δῆλον ὡς ἔχει τι πολιτείας ἡ τάξις, ἀλλ' οὐ πολιτεία ἐστὶν ἀλλὰ δυναστεία μᾶλλον. Εἰώθασι δὲ διαλαμβάνοντες τὸν δῆμον καὶ τοὺς φίλους μοναρχίαν ποιεῖν καὶ στασιάζειν καὶ μάχεσθαι πρὸς ἀλλήλους· 15 καίτοι τί διαφέρει τὸ τοιοῦτον ἢ διά τινος χρόνου μηκέτι πόλιν εἶναι τὴν τοιαύτην, ἀλλὰ λύεσθαι τὴν πολιτικὴν κοινωνίαν; ἔστι δ' ἐπικίνδυνος οὕτως ἔχουσα πόλις, τῶν βουλομένων ἐπιτίθεσθαι καὶ δυναμένων. Ἀλλά, καθάπερ εἴρηται, σῴζεται διὰ τὸν τόπον· ξενηλασίας γὰρ τὸ πόρρω πεποίηκεν· 16 διὸ καὶ τὸ τῶν περιοίκων μένει τοῖς Κρησίν, οἱ δ' εἵλωτες ἀφίστανται πολλάκις· οὔτε γὰρ ἐξωτερικῆς ἀρχῆς κοινωνοῦσιν οἱ Κρῆτες, νεωστί τε πόλεμος ξενικὸς διαβέβηκεν εἰς τὴν νῆσον ὃς πεποίηκε φανερὰν τὴν ἀσθένειαν τῶν ἐκεῖ νόμων. Περὶ μὲν οὖν ταύτης εἰρήσθω τοσαῦθ' ἡμῖν τῆς πολιτείας.

XI 1 Πολιτεύεσθαι δὲ δοκοῦσι καὶ Καρχηδόνιοι καλῶς καὶ πολλὰ περιττῶς πρὸς τοὺς ἄλλους, μάλιστα δ' ἔνια παραπλησίως τοῖς Λάκωσιν· αὗται γὰρ αἱ πολιτεῖαι τρεῖς ἀλλήλαις τε σύνεγγύς πώς εἰσι καὶ τῶν ἄλλων πολὺ διαφέρουσιν, ἥ τε Κρητικὴ καὶ ἡ Λακωνικὴ καὶ τρίτη τούτων ἡ τῶν Καρχηδονίων. Καὶ πολλὰ τῶν τεταγμένων ἔχει παρ' αὐτοῖς καλῶς· 2 σημεῖον δὲ πολιτείας συντεταγμένης τὸ

110. Mal qui frappe tout autant les oligarchies, dont la *dunasteia* est une espèce (*Pol.*, IV, 5, 1292 a 10), que la monarchie ou la démocratie.

111. Il s'agit de la *xenèlasia*. Voir *Lexique – 2. Vocabulaire des institutions*.

112. Ils ne sont donc pas obligés, par le jeu des alliances, d'aller guerroyer au loin, laissant les périèques livrés à eux-mêmes.

113. Peut-être s'agit-il de l'incursion de Phalaikos contre Lyktos (346 av. J.-C.) sous l'impulsion de Cnossos. Les Lyktiens ayant

14 Mais le pire de tout, c'est le désordre qui est souvent provoqué par les puissants lorsqu'ils ne veulent pas s'exposer aux conséquences d'un jugement. On voit bien par là que cette organisation a quelque chose d'un régime < politique > mais n'est pas un régime < politique > : plutôt un pouvoir discrétionnaire. Ils ont coutume, en divisant le peuple et leurs amis, d'instaurer le pouvoir absolu d'un seul, de provoquer des séditions et de se battre les uns contre les autres. **15** En fait, en quoi un tel état de choses diffère-t-il de la disparition temporaire de la cité comme telle et de la dissolution de la communauté politique[110] ? Dans cette situation, une cité court un risque : ceux qui ont la volonté de l'attaquer en ont aussi le pouvoir.

Mais, comme on l'a déjà dit, ce qui sauve la Crète, c'est sa position géographique : l'éloignement a produit le même résultat que le bannissement des étrangers[111]. **16** C'est pourquoi aussi la classe des périèques reste loyale envers les Crétois, tandis que les hilotes se révoltent souvent : les Crétois ne s'associent à aucune puissance extérieure[112], et ce n'est que récemment qu'une guerre étrangère a atteint l'île[113], et rendu manifeste la faiblesse de la législation de ce pays.

Au sujet de ce régime, ce qui a été dit suffit.

XI 1 Mais les Carthaginois passent aussi pour être bien gouvernés : remarquablement par rapport aux autres sur beaucoup de points, mais surtout à peu près de même que les Laconiens sur certains autres ; ces trois régimes en effet, celui de Crète, celui de Laconie et le troisième, celui des Carthaginois, sont en quelque manière tout à fait proche les uns des autres, et ils diffèrent beaucoup des autres. Par ailleurs, chez les Carthaginois, beaucoup d'institutions sont bonnes. **2** Un

demandé de l'aide à leur métropole, reçurent le secours d'un contingent spartiate sous le commandement d'Archidamos.

τὸν δῆμον ἔχουσαν διαμένειν ἐν τῇ τάξει τῆς πολιτείας καὶ μήτε στάσιν, ὅ τι καὶ ἄξιον εἰπεῖν, γεγενῆσθαι μήτε τύραννον. 3 Ἔχει δὲ παραπλήσια τῇ Λακωνικῇ πολιτείᾳ τὰ μὲν συσσίτια τῶν ἑταιριῶν τοῖς φιδιτίοις, τὴν δὲ τῶν ἑκατὸν καὶ τεττάρων ἀρχὴν τοῖς ἐφόροις (πλὴν οὐ χεῖρον· οἱ μὲν γὰρ ἐκ τῶν τυχόντων εἰσί, ταύτην δ' αἱροῦνται τὴν ἀρχὴν ἀριστίνδην), τοὺς δὲ βασιλεῖς καὶ τὴν γερουσίαν ἀνάλογον τοῖς ἐκεῖ βασιλεῦσι καὶ γέρουσιν· 4 καὶ βέλτιον δὲ τοὺς βασιλεῖς μήτε κατὰ τὸ αὐτὸ εἶναι γένος, μηδὲ τοῦτο τὸ τυχόν, εἴ τε διαφέρον, ἐκ τούτων αἱρετοὺς μᾶλλον ἢ καθ' ἡλικίαν· μεγάλων γὰρ κύριοι καθεστῶτες, ἂν εὐτελεῖς ὦσι, [1273 a] μεγάλα βλάπτουσι καὶ ἔβλαψαν ἤδη τὴν πόλιν τὴν τῶν Λακεδαιμονίων. 5 Τὰ μὲν οὖν πλεῖστα τῶν ἐπιτιμηθέντων ἂν διὰ τὰς παρεκβάσεις κοινὰ τυγχάνει πάσαις ὄντα ταῖς εἰρημέναις πολιτείαις· τῶν δὲ πρὸς τὴν ὑπόθεσιν τῆς ἀριστοκρατίας καὶ τῆς πολιτείας τὰ μὲν εἰς δῆμον ἐκκλίνει μᾶλλον, τὰ δ' εἰς ὀλιγαρχίαν. Τοῦ μὲν γὰρ τὰ μὲν προσάγειν, τὰ δὲ μὴ προσάγειν πρὸς τὸν δῆμον οἱ βασιλεῖς κύριοι μετὰ τῶν γερόντων, ἂν ὁμογνωμονῶσι πάντες· εἰ δὲ μή, καὶ τούτων ὁ δῆμος· 6 ἃ δ' ἂν εἰσφέρωσιν οὗτοι, οὐ διακοῦσαι μόνον ἀποδιδόασι τῷ δήμῳ τὰ δόξαντα τοῖς ἄρχουσιν, ἀλλὰ κύριοι κρίνειν εἰσὶ καὶ τῷ βουλομένῳ τοῖς εἰσφερομένοις ἀντειπεῖν ἔξεστιν, ὅπερ ἐν ταῖς ἑτέραις πολιτείαις οὐκ ἔστιν. 7 Τὸ δὲ τὰς πενταρχίας κυρίας οὔσας πολλῶν καὶ μεγάλων ὑφ' αὑτῶν αἱρετὰς εἶναι, καὶ τὴν τῶν ἑκατὸν ταύτας αἱρεῖσθαι τὴν μεγίστην ἀρχήν, ἔτι δὲ ταύτας

signe de la bonne organisation du régime : le fait que le peuple qu'elle administre se maintienne fermement dans l'organisation < déterminée > par le régime, et qu'il n'y ait ni sédition – ce qui est digne de remarque – ni tyran.

3 Elle a des éléments presque semblables au régime laconien : les *syssities* des hétairies, < semblables > aux *phidities*[114] ; la magistrature des Cent Quatre, < semblable > aux éphores (excepté, ce qui n'est pas plus mal, que ces derniers sont pris parmi les premiers venus, tandis qu'on est choisi au mérite pour cette charge) ; enfin les rois et la gérousie sont l'analogue des rois et des anciens. **4** Cependant ce qui est mieux, c'est que les rois ne sont ni de la même famille, ni de la première famille venue, mais si l'une est éminente, ils sont choisis parmi ses membres par élection plutôt que d'après leur âge, car une fois maître de pouvoirs considérables, s'ils sont insignifiants, ils risquent de faire beaucoup de mal et ils en ont déjà fait à la cité des Lacédémoniens.

5 La plupart des points qui peuvent être critiqués comme des déviations sont communs à tous les régimes dont nous avons parlé ; mais, parmi ceux touchant au principe de base de l'aristocratie ou de la *politie*, les uns penchent davantage vers la démocratie, les autres vers l'oligarchie. Démocratique, ce trait : les rois sont maîtres avec les gérontes de porter certaines affaires devant le peuple et d'autres non, s'ils sont tous d'accord ; sinon c'est le peuple qui décide. **6** Quant à celles qu'ils présentent, ils n'accordent pas seulement au peuple le droit d'écouter les opinions des magistrats, mais il est maître de prendre la décision, et il est possible à celui qui le veut de contester leurs propositions, ce qui n'existe pas dans les autres régimes.

7 Néanmoins le fait que les *pentarchies*[115], qui ont plein pouvoir sur de nombreuses et importantes questions, sont élues par cooptation, et que la magistrature

114. Voir *Lexique – 2. Vocabulaire des institutions.*

115. De ce corps de cinq magistrats, on ne sait rien.

πλείονα ἄρχειν χρόνον τῶν ἄλλων (καὶ γὰρ ἐξεληλυθότες ἄρχουσι καὶ μέλλοντες) ὀλιγαρχικόν· τὸ δ' ἀμίσθους καὶ μὴ κληρωτὰς ἀριστοκρατικὸν θετέον, καὶ εἴ τι τοιοῦτον ἕτερον, καὶ τὸ τὰς δίκας ὑπὸ τῶν ἀρχείων δικάζεσθαι πάσας, καὶ μὴ ἄλλας ὑπ' ἄλλων, καθάπερ ἐν Λακεδαίμονι. 8 Παρεκβαίνει δὲ τῆς ἀριστοκρατίας ἡ τάξις τῶν Καρχηδονίων μάλιστα πρὸς τὴν ὀλιγαρχίαν κατά τινα διάνοιαν ᾗ συνδοκεῖ τοῖς πολλοῖς· οὐ γὰρ μόνον ἀριστίνδην ἀλλὰ καὶ πλουτίνδην οἴονται δεῖν αἱρεῖσθαι τοὺς ἄρχοντας· ἀδύνατον γὰρ τὸν ἀποροῦντα καλῶς ἄρχειν καὶ σχολάζειν. 9 Εἴπερ οὖν τὸ μὲν αἱρεῖσθαι πλουτίνδην ὀλιγαρχικόν, τὸ δὲ κατ' ἀρετὴν ἀριστοκρατικόν, αὕτη τις ἂν εἴη τάξις τρίτη, καθ' ἥνπερ συντέτακται καὶ τοῖς Καρχηδονίοις τὰ περὶ τὴν πολιτείαν· αἱροῦνται γὰρ εἰς δύο ταῦτα βλέποντες, καὶ μάλιστα τὰς μεγίστας, τούς τε βασιλεῖς καὶ τοὺς στρατηγούς. 10 Δεῖ δὲ νομίζειν ἁμάρτημα νομοθέτου τὴν παρέκβασιν εἶναι τῆς ἀριστοκρατίας ταύτην· ἐξ ἀρχῆς γὰρ τοῦθ' ὁρᾶν ἐστι τῶν ἀναγκαιοτάτων, ὅπως οἱ βέλτιστοι δύνωνται σχολάζειν καὶ μηδὲν ἀσχημονεῖν, μὴ μόνον ἄρχοντες ἀλλὰ μηδ' ἰδιωτεύοντες. Εἰ δὲ δεῖ βλέπειν καὶ πρὸς εὐπορίαν χάριν σχολῆς, φαῦλον τὸ τὰς μεγίστας ὠνητὰς εἶναι τῶν ἀρχῶν, τήν τε βασιλείαν καὶ τὴν στρατηγίαν. 11 Ἔντιμον γὰρ ὁ νόμος οὗτος ποιεῖ τὸν πλοῦτον μᾶλλον τῆς ἀρετῆς, καὶ τὴν πόλιν ὅλην φιλοχρήματον· ὅ τι δ' ἂν ὑπολάβῃ τίμιον εἶναι τὸ κύριον, ἀνάγκη καὶ τὴν τῶν ἄλλων πολιτῶν δόξαν ἀκολουθεῖν τούτοις· ὅπου δὲ μὴ μάλιστα ἀρετὴ τιμᾶται, ταύτην

suprême des Cent est choisie par eux et, en outre, qu'ils exercent leur charge pendant un temps plus long que les autres (puisque, même sortis de charge ou sur le point d'y entrer, ils exercent en fait leur pouvoir), cela est oligarchique. Mais il faut regarder comme aristocratique le fait qu'ils ne reçoivent pas de salaire et qu'ils ne sont pas désignés par le sort, et tout autre usage semblable, et aussi le fait que tous les procès sont jugés par tous les corps de magistrats, et non pas différents procès par différents magistrats, comme à Lacédémone.

8 Cependant l'organisation des Carthaginois dévie surtout de l'aristocratie vers l'oligarchie en ce qui concerne l'opinion sur laquelle tous s'accordent : ils pensent en effet qu'on ne doit pas seulement choisir les magistrats au mérite mais aussi en fonction de leur richesse ; car il est impossible que celui qui est sans ressources s'acquitte bien de sa charge et en ait le loisir. **9** Car s'il est vrai que choisir d'après la richesse est oligarchique, et au mérite, aristocratique, celle-ci serait une troisième < forme d' > organisation, selon laquelle, chez les Carthaginois, le régime serait agencé. Ils font en effet leur choix en ayant en vue ces deux conditions, et surtout pour les magistrats les plus importants : les rois et les stratèges. **10** Pourtant on doit considérer que cette façon de s'écarter de l'aristocratie est une faute du législateur ; car, dès le début, c'est une de ses tâches indispensables que de veiller à cela, à savoir que les meilleurs puissent avoir du loisir, et ne dérogent pas, non seulement dans l'exercice de leur charge, mais aussi dans leur vie privée. Mais si on doit avoir l'aisance en vue comme gage de loisir, il est dommageable que les plus hautes charges – la royauté et la stratégie – soient vénales.

11 Cette loi, en effet, accorde plus de valeur à la richesse qu'à la vertu, et rend la cité tout entière avide d'argent ; mais ce que l'ensemble des dirigeants tient pour honorable, c'est une nécessité que l'opinion des autres citoyens les suive sur ce point ; là où la vertu n'est

[1273 b] οὐχ οἷόν τε βεβαίως ἀριστοκρατεῖσθαι τὴν πολιτείαν. 12 Ἐθίζεσθαι δ' εὔλογον κερδαίνειν τοὺς ὠνουμένους, ὅταν δαπανήσαντες ἄρχωσιν· ἄτοπον γὰρ εἰ πένης μὲν ὢν ἐπιεικὴς δὲ βουλήσεται κερδαίνειν, φαυλότερος δ' ὢν οὐ βουλήσεται δαπανήσας. Διὸ δεῖ τοὺς δυναμένους ἄριστ' ἄρχειν, τούτους ἄρχειν· βέλτιον δ', εἰ καὶ προεῖτο τὴν εὐπορίαν τῶν ἐπιεικῶν ὁ νομοθέτης, ἀλλὰ ἀρχόντων γε ἐπιμελεῖσθαι τῆς σχολῆς. 13 Φαῦλον δ' ἂν δόξειεν εἶναι καὶ τὸ πλείους ἀρχὰς τὸν αὐτὸν ἄρχειν, ὅπερ εὐδοκιμεῖ παρὰ τοῖς Καρχηδονίοις. Ἓν γὰρ ὑφ' ἑνὸς ἔργον ἄριστ' ἀποτελεῖται· δεῖ δ' ὅπως γίνηται τοῦθ' ὁρᾶν τὸν νομοθέτην καὶ μὴ προστάττειν τὸν αὐτὸν αὐλεῖν καὶ σκυτοτομεῖν. 14 Ὥσθ' ὅπου μὴ μικρὰ πόλις, πολιτικώτερον πλείονας μετέχειν τῶν ἀρχῶν καὶ δημοτικώτερον· κοινότερόν τε γάρ, καθάπερ εἴπομεν, καὶ κάλλιον ἕκαστον ἀποτελεῖται τῶν αὐτῶν καὶ θᾶττον. Δῆλον δὲ τοῦτο ἐπὶ τῶν πολεμικῶν καὶ τῶν ναυτικῶν· ἐν τούτοις γὰρ ἀμφοτέροις διὰ πάντων ὡς εἰπεῖν διελήλυθε τὸ ἄρχειν καὶ τὸ ἄρχεσθαι. 15 Ὀλιγαρχικῆς δ' οὔσης τῆς πολιτείας ἄριστα ἐκφεύγουσι τῷ πλουτεῖν, αἰεί τι τοῦ δήμου μέρος ἐκπέμποντες ἐπὶ τὰς πόλεις, τούτῳ γὰρ ἰῶνται καὶ ποιοῦσι μόνιμον τὴν πολιτείαν. Ἀλλὰ τουτί ἐστι τύχης ἔργον, δεῖ δὲ ἀστασιάστους εἶναι διὰ τὸν νομοθέτην· 16 νῦν δέ, ἂν ἀτυχία γένηταί τις

pas honorée par-dessus tout, il n'est pas possible que ce régime ait un caractère fermement aristocratique. **12** Il est logique que ceux qui ont acheté leur charge s'accoutument à en tirer profit, quand c'est à leurs dépenses qu'ils doivent leur pouvoir ; il est étrange, en effet, de supposer qu'un homme vil mais honnête veuille gagner de l'argent, tandis qu'un homme moins honnête ne le voudrait pas pour compenser ses dépenses. C'est pourquoi ceux qui sont capables de gouverner le mieux doivent gouverner. Mais le mieux, si le législateur a négligé l'aisance des gens de qualité, c'est du moins de veiller à leur loisir pendant qu'ils sont en charge.

13 Il pourrait aussi sembler mauvais qu'une même personne exerce plusieurs magistratures[116], ce qui précisément est fort apprécié chez les Carthaginois. C'est en effet une seule tâche, faite par un seul qui réussit le mieux. Le législateur doit veiller à ce qu'il en soit ainsi et ne pas ordonner au même individu de jouer de la flûte et de tailler du cuir. **14** De telle sorte que, là où la cité n'est pas trop petite, il est de meilleure politique qu'un plus grand nombre ait part aux magistratures ; plus démocratique aussi : le lien commun est plus fort, comme nous l'avons dit, et chaque tâche réussit mieux et plus vite. Cela est clair dans les affaires militaires et navales : dans ces deux domaines, en effet, c'est entre tous, peut-on dire, que circulent le commander et l'être commandé.

15 Cependant, tout en ayant un régime oligarchique, les Carthaginois en évitent au mieux les dangers dus à l'enrichissement : périodiquement ils envoient une partie du peuple dans les villes sujettes, et, par ce moyen ils rendent stable leur régime. Mais c'est un effet du hasard, alors que c'est le législateur qui doit rendre impossibles les séditions. **16** Or, en fait, s'il survient quelque revers

116. Voir *Pol.*, V, 10, 1310 b 22-23 : « Certaines tyrannies proviennent d'oligarchies qui ont accordé à un seul les pleins pouvoirs sur les principales magistratures. »

καὶ τὸ πλῆθος ἀποστῇ τῶν ἀρχομένων, οὐδέν ἐστι φάρμακον διὰ τῶν νόμων τῆς ἡσυχίας. Περὶ μὲν οὖν τῆς Λακεδαιμονίων πολιτείας καὶ Κρητικῆς καὶ τῆς Καρχηδονίων, αἵπερ δικαίως εὐδοκιμοῦσι, τοῦτον ἔχει τὸν τρόπον.

XII 1 Τῶν δὲ ἀποφηναμένων τι περὶ πολιτείας ἔνιοι μὲν οὐκ ἐκοινώνησαν πράξεων πολιτικῶν οὐδ' ὡντινωνοῦν, ἀλλὰ διετέλεσαν ἰδιωτεύοντες τὸν βίον, περὶ ὧν εἴ τι ἀξιόλογον, εἴρηται σχεδὸν περὶ πάντων, ἔνιοι δὲ νομοθέται γεγόνασιν, οἱ μὲν ταῖς οἰκείαις πόλεσιν, οἱ δὲ καὶ τῶν ὀθνείων τισί, πολιτευθέντες αὐτοί· καὶ τούτων οἱ μὲν νόμων ἐγένοντο δημιουργοὶ μόνον, οἱ δὲ καὶ πολιτείας, οἷον καὶ Λυκοῦργος καὶ Σόλων· οὗτοι γὰρ καὶ νόμους καὶ πολιτείας κατέστησαν. 2 Περὶ μὲν οὖν τῆς Λακεδαιμονίων εἴρηται, Σόλωνα δ' ἔνιοι μὲν οἴονται νομοθέτην γενέσθαι σπουδαῖον· ὀλιγαρχίαν τε γὰρ καταλῦσαι λίαν ἄκρατον οὖσαν, καὶ δουλεύοντα τὸν δῆμον παῦσαι, καὶ δημοκρατίαν καταστῆσαι τὴν πάτριον, μίξαντα καλῶς τὴν πολιτείαν· εἶναι γὰρ τὴν μὲν ἐν Ἀρείῳ πάγῳ βουλὴν ὀλιγαρχικόν, τὸ δὲ τὰς ἀρχὰς αἱρετὰς ἀριστοκρατικόν, τὰ δὲ δικαστήρια δημοτικόν. 3 Ἔοικε δὲ Σόλων
[1274 a] ἐκεῖνα μὲν ὑπάρχοντα πρότερον οὐ καταλῦσαι, τήν τε βουλὴν καὶ τὴν τῶν ἀρχῶν αἵρεσιν, τὸν δὲ δῆμον καταστῆσαι,

117. À l'époque archaïque, le Conseil de l'Aréopage n'était composé que d'Eupatrides, c'est-à-dire des membres de l'aristocratie foncière, les « bien nés ». À partir de Solon, ce sont les archontes sortis de charge (environ 150) qui en sont membres à vie.

et que la masse du peuple se révolte contre les gouvernants, les lois n'offrent aucun remède pour rétablir le calme.

Tels sont les caractères des régimes des Lacédémoniens, de la Crète et des Carthaginois, d'ailleurs justement renommés.

XII 1 Parmi ceux qui ont produit quelque chose au sujet de la constitution, certains n'ont pas pris part aux affaires politiques quelles qu'elles soient, mais ont passé leur vie comme de simples particuliers ; sur eux, si quelque chose est digne d'être rapporté, pour presque tous cela a été fait ; mais certains en sont venus à instituer des lois, les uns dans leurs propres cités, les autres dans des cités étrangères, en participant eux-mêmes aux affaires publiques ; et parmi ces derniers les uns n'ont été artisans que de lois, les autres également d'une constitution, tels Lycurgue et Solon ; ceux-ci, en effet, ont institué et des lois et une constitution.

2 On a déjà parlé du < régime > des Lacédémoniens ; quant à Solon, certains pensent qu'il est un important législateur ; il a, en effet, renversé une oligarchie qui était trop absolue, fait cesser la servitude du peuple, et institué une démocratie, celle de nos pères, en produisant un admirable mélange constitutionnel : est en effet oligarchique le Conseil de l'Aréopage[117], mais les charges électives sont aristocratiques, et les tribunaux sont populaires. **3** Il semble cependant, d'une part que Solon n'a pas renversé ces institutions déjà existantes, à savoir le Conseil et le caractère électif des charges et que, d'autre part, il a institutionnalisé le peuple[118] en

118. Et pas seulement « il a institué la démocratie ». En ouvrant les tribunaux à *tous* les citoyens, Solon donne un statut institutionnel à Dèmos, qui devient le *peuple athénien* dans son ensemble, et non plus simplement la *populace* (par opposition à ceux que distinguent leur mérite, leur naissance ou leur fortune) ou la *masse* (par opposition à ceux qui la dirigent).

τὰ δικαστήρια ποιήσας ἐκ πάντων. Διὸ καὶ μέμφονταί τινες αὐτῷ· λῦσαι γὰρ θάτερον, κύριον ποιήσαντα τὸ δικαστήριον πάντων, κληρωτὸν ὄν. 4 Ἐπεὶ γὰρ τοῦτ' ἴσχυσεν, ὥσπερ τυράννῳ τῷ δήμῳ χαριζόμενοι τὴν πολιτείαν εἰς τὴν νῦν δημοκρατίαν κατέστησαν· καὶ τὴν μὲν ἐν Ἀρείῳ πάγῳ βουλὴν Ἐφιάλτης ἐκόλουσε καὶ Περικλῆς, τὰ δὲ δικαστήρια μισθοφόρα κατέστησε Περικλῆς, καὶ τοῦτον δὴ τὸν τρόπον ἕκαστος τῶν δημαγωγῶν προήγαγεν αὔξων εἰς τὴν νῦν δημοκρατίαν. 5 Φαίνεται δ' οὐ κατὰ τὴν Σόλωνος γενέσθαι τοῦτο προαίρεσιν, ἀλλὰ μᾶλλον ἀπὸ συμπτώματος (τῆς ναυαρχίας γὰρ ἐν τοῖς Μηδικοῖς ὁ δῆμος αἴτιος γενόμενος ἐφρονηματίσθη καὶ δημαγωγοὺς ἔλαβε φαύλους ἀντιπολιτευομένων τῶν ἐπιεικῶν), ἐπεὶ Σόλων γε ἔοικε τὴν ἀναγκαιοτάτην ἀποδιδόναι τῷ δήμῳ δύναμιν, τὸ τὰς ἀρχὰς αἱρεῖσθαι καὶ εὐθύνειν (μηδὲ γὰρ τούτου κύριος ὢν ὁ δῆμος δοῦλος ἂν εἴη καὶ πολέμιος), 6 τὰς δ' ἀρχὰς ἐκ τῶν γνωρίμων καὶ τῶν εὐπόρων κατέστησε πάσας, ἐκ τῶν πεντακοσιομεδίμνων καὶ ζευγιτῶν καὶ τρίτου τέλους τῆς καλουμένης ἱππάδος· τὸ δὲ τέταρτον θητικόν, οἷς οὐδεμιᾶς ἀρχῆς μετῆν. Νομοθέται δ' ἐγένοντο Ζάλευκός τε Λοκροῖς τοῖς ἐπιζεφυρίοις, καὶ Χαρώνδας ὁ Καταναῖος τοῖς αὑτοῦ πολίταις καὶ ταῖς ἄλλαις ταῖς Χαλκιδικαῖς πόλεσι ταῖς περὶ Ἰταλίαν καὶ Σικελίαν. 7 Πειρῶνται δέ τινες καὶ συνάγειν ὡς Ὀνομακρίτου μὲν γενομένου πρώτου δεινοῦ περὶ νομοθεσίαν, γυμνα-

créant des tribunaux émanant de tous les citoyens. C'est pourquoi certains le blâme, car il a dissout le reste, rendant le tribunal maître de toutes choses alors qu'il est désigné par le sort. **4** Car après que celui-ci eut pris de l'influence, en ayant pour le peuple des complaisances comme à l'égard d'un tyran, ils transformèrent le régime en l'actuelle démocratie. Éphialte, ainsi que Périclès, amoindrit le Conseil de l'Aréopage, Périclès institua la misthophorie[119] pour les tribunaux, et chacun des démagogues, en en rajoutant de cette manière, avança vers la démocratie actuelle.

5 Il semble cependant que cela ne provient pas d'un dessein prémédité de Solon, mais plutôt d'un événement fortuit – le peuple, en effet, cause de la suprématie navale pendant les guerres Médiques, s'enorgueillit et agréa de vils démagogues malgré l'opposition des gens de qualité – puisque Solon semble certes avoir donné au peuple la faculté absolument indispensable de choisir les magistrats et de les soumettre à reddition de comptes (car n'étant pas maître de cela, le peuple aurait été esclave et hostile), **6** mais il a institué toutes les charges en s'appuyant sur les notables et les riches : sur les Pentacosiomédimnes, les Zeugites et une troisième classe appelée classe des Chevaliers ; quant à la quatrième classe, c'étaient les thètes, auxquels aucune charge n'était dévolue.

Comme législateurs il y eut aussi Zeleucos pour les Locriens Épizéphiriens et Charondas de Catane pour ses concitoyens et pour les autres villes chalcidiennes d'Italie et de Sicile.

7 Cependant certains s'efforcent d'établir qu'Onomocrite fut le premier à devenir expert en législation,

119. C'est-à-dire le versement d'une indemnité permettant aux plus pauvres de participer à la vie politique de la cité. Sur la misthophorie, *cf.* l'Introduction de Cl. Mossé à la *Constitution d'Athènes*, Paris, Les Belles Lettres, Classiques en Poche n° 2, pp. XVII-XIX.

σθῆναι δ' αὐτὸν ἐν Κρήτῃ, Λοκρὸν ὄντα καὶ ἐπιδημοῦντα κατὰ τέχνην μαντικήν· τούτου δὲ γενέσθαι Θάλητα ἑταῖρον, Θάλητος δ' ἀκροατὴν Λυκοῦργον καὶ Ζάλευκον, Ζαλεύκου δὲ Χαρώνδαν. 8 Ἀλλὰ ταῦτα μὲν λέγουσιν ἀσκεπτότερον τῷ χρόνῳ λέγοντες· ἐγένετο δὲ καὶ Φιλόλαος ὁ Κορίνθιος νομοθέτης Θηβαίοις. Ἦν δ' ὁ Φιλόλαος τὸ μὲν γένος τῶν Βακχιαδῶν, ἐραστὴς δὲ γενόμενος Διοκλέους τοῦ νικήσαντος Ὀλυμπίασιν, ὡς ἐκεῖνος τὴν πόλιν ἔλιπε διαμισήσας τὸν ἔρωτα τὸν τῆς μητρὸς Ἀλκυόνης, ἀπῆλθεν εἰς Θήβας κἀκεῖ τὸν βίον ἐτελεύτησαν ἀμφότεροι. 9 Καὶ νῦν ἔτι δεικνύουσι τοὺς τάφους αὐτῶν ἀλλήλοις μὲν εὐσυνόπτους ὄντας, πρὸς δὲ τὴν τῶν Κορινθίων χώραν τοῦ μὲν συνόπτου, τοῦ δ' οὐ συνόπτου· μυθολογοῦσι γὰρ αὐτοὺς οὕτω τάξασθαι τὴν ταφήν, τὸν μὲν Διοκλέα διὰ τὴν ἀπέχθειαν τοῦ πάθους, ὅπως μὴ ἄποπτος ἔσται ἡ Κορινθία ἀπὸ τοῦ χώματος, τὸν δὲ Φιλόλαον, ὅπως [1274 b] ἄποπτος. 10 Ὤικησαν μὲν οὖν διὰ τὴν τοιαύτην αἰτίαν παρὰ τοῖς Θηβαίοις, νομοθέτης δ' αὐτοῖς ἐγένετο Φιλόλαος περί τ' ἄλλων τινῶν καὶ περὶ τῆς παιδοποιίας, οὓς καλοῦσιν ἐκεῖνοι νόμους θετικούς· καὶ τοῦτ' ἐστὶν ἰδίως ὑπ' ἐκείνου νενομοθετημένον, ὅπως ὁ ἀριθμὸς σῴζηται τῶν κλήρων. 11 Χαρώνδου δ' ἴδιον μὲν οὐδέν ἐστι πλὴν αἱ δίκαι τῶν ψευδομαρτύρων (πρῶτος γὰρ ἐποίησε τὴν ἐπίσκηψιν), τῇ δ' ἀκριβείᾳ τῶν νόμων ἐστὶ γλαφυρώτερος καὶ τῶν νῦν νομοθετῶν. 12 Φαλέου δ' ἴδιον ἡ τῶν οὐσιῶν ἀνομάλωσις, Πλάτωνος δ' ἥ τε τῶν γυναικῶν καὶ παίδων καὶ τῆς οὐσίας κοινότης καὶ τὰ συσσίτια τῶν γυναικῶν, ἔτι δ' ὁ περὶ τὴν μέθην νόμος,

qu'il s'exerça en Crète, bien qu'étant de Locres, et qu'il y résida en pratiquant la divination ; de lui, Thalès devint le compagnon ; de Thalès, Lycurgue et Zaleukos furent les disciples, et Charondas de Zaleukos.

8 Néanmoins on dit cela en ne prenant pas assez la chronologie en considération ; mais il y eut aussi Philolaos de Corinthe, le législateur des Thébains. Philolaos était de la famille des Bacchiades ; devenu amant de Dioclès, le vainqueur aux Jeux Olympiques[120], lorsque celui-ci quitta son pays, révolté de l'amour incestueux de sa mère Alcyoné, il se retira à Thèbes, où tous deux finirent leurs jours. **9** Et encore aujourd'hui, on montre leurs tombeaux, facilement visibles l'un de l'autre ; mais l'un a vue sur le territoire de Corinthe, l'autre non ; la légende veut qu'ils aient eux-mêmes fixé ainsi leurs sépultures : Dioclès, par haine de la passion < de sa mère >, pour que du haut de son tertre on ne vît pas la terre de Corinthe ; Philolaos, pour qu'on pût la voir. **10** C'est sans aucun doute pour cette raison qu'ils résidèrent chez les Thébains, et Philolaos devint leur législateur et fit, entre autres lois, celles qui concernent la procréation des enfants, appelées là-bas lois d'adoption ; c'est un trait particulier de sa législation destiné à sauvegarder le nombre des lots familiaux.

11 Propre à Charondas, il n'y a rien si ce n'est les poursuites contre les faux-témoins (le premier, en effet, il créa ce chef d'accusation) ; mais par la précision de ses lois, il est plus pénétrant que les législateurs d'aujourd'hui. **12** Propre à Philolaos[121], l'inégalité des fortunes ; à Platon, la communauté des femmes, des enfants et des biens, et les *syssities* des femmes, et encore la loi sur l'ivresse[122] qui donne aux hommes sobres la prési-

120. À la treizième Olympiade (728 av. J.-C.).
121. Ou : « à Phaléas ».
122. *Lois*, I, 637 d - 642 a ; II, 666 a-c ; 671 a - 672 d.

τὸ τοὺς νήφοντας συμποσιαρχεῖν, καὶ τὴν ἐν τοῖς πολεμικοῖς ἄσκησιν ὅπως ἀμφιδέξιοι γίνωνται κατὰ τὴν μελέτην, ὡς δέον μὴ τὴν μὲν χρήσιμον εἶναι τοῖν χεροῖν τὴν δὲ ἄχρηστον. **13** Δράκοντος δὲ νόμοι μὲν εἰσί, πολιτείᾳ δ' ὑπαρχούσῃ τοὺς νόμους ἔθηκεν· ἴδιον δ' ἐν τοῖς νόμοις οὐδέν ἐστιν ὅ τι καὶ μνείας ἄξιον, πλὴν ἡ χαλεπότης διὰ τὸ τῆς ζημίας μέγεθος. Ἐγένετο δὲ καὶ Πιττακὸς νόμων δημιουργὸς ἀλλ' οὐ πολιτείας· νόμος δ' ἴδιος αὐτοῦ τὸ τοὺς μεθύοντας, ἄν τι πταίσωσι, πλείω ζημίαν ἀποτίνειν τῶν νηφόντων· διὰ γὰρ τὸ πλείους ὑβρίζειν μεθύοντας ἢ νήφοντας οὐ πρὸς τὴν συγγνώμην ἀπέβλεψεν, ὅτι δεῖ μεθύουσιν ἔχειν μᾶλλον, ἀλλὰ πρὸς τὸ συμφέρον. **14** Ἐγένετο δὲ καὶ Ἀνδροδάμας Ῥηγῖνος νομοθέτης Χαλκιδεῦσι τοῖς ἐπὶ Θρᾴκης, οὗ περί τε τὰ φονικὰ καὶ τὰς ἐπικλήρους ἐστίν· οὐ μὴν ἀλλὰ ἴδιόν γε οὐδὲν αὐτοῦ λέγειν ἔχοι τις ἄν. Τὰ μὲν οὖν περὶ τὰς πολιτείας, τάς τε κυρίας καὶ τὰς ὑπὸ τινῶν εἰρημένας, ἔστω τεθεωρημένα τὸν τρόπον τοῦτον.

123. *Lois*, VII, 794 d - 795 d. *Cf.* Aristote, *Hist. an.*, II, 1, 498 b 31 : « Seul de tous les animaux, l'homme se sert également bien de ses deux mains », même si l'absence d'exercice, et la supériorité par nature de la main droite sur la main gauche ne nous permet pas d'être

dence des banquets et la loi sur les exercices militaires, pour qu'on devienne ambidextre par la pratique, parce qu'il ne faut pas que l'une des deux mains soit utile et l'autre inutile[123].

13 Il y a les lois de Dracon, mais il adapta ses lois au régime existant ; dans ses lois il n'y a rien de particulier qui soit digne de mention, si ce n'est leur sévérité qui résulte de la gravité des peines. Pittacos, lui aussi, fut auteur de lois, mais non d'une constitution ; une loi qui lui est propre est celle qui punit les ivrognes, s'ils commettent un délit, d'une amende plus forte que les hommes sobres : car, comme des ivrognes commettent plus de violences que des gens sobres, il n'a pas eu égard à l'indulgence plus grande qu'il faut avoir pour leur ivresse[124], mais à l'intérêt général

14 Il y eut aussi Androdamas de Rhégium, législateur des Chalcidiens de Thrace, dont on a des lois sur le meurtre et sur les filles épiclères ; on ne saurait néanmoins citer aucun trait qui lui soit propre.

Ainsi s'achèvent nos considérations sur les constitutions actuellement en vigueur ou proposées par certains.

effectivement ambidextre (*Éth. Nic.*, V, 10, 1134 b 34-35). Le serions-nous que cette supériorité par nature nous rendrait « plus "gauche" d'une main et plus "adroit" avec l'autre main par rapport à la gauche » (*Magn. mor.*, I, 33, 1194 b 34 ss [trad. C. Dalimier, Paris, Arléa, 1992]).

124. Voir *Éth. Eud.*, II, 2 ; II, 9.

Lexique

Index des noms propres

Bacchiades (les) : oligarchie terrienne de deux cents familles. Ils exercèrent collégialement le pouvoir à Corinthe, et furent chassés au milieu du VIIe siècle par Cypselos qui instaura une tyrannie. Son fils Périandre, et son petit-fils Psammétichos lui succédèrent. Sur tout ceci, voir le récit d'Hérodote, V, 92, et l'ouvrage d'E. Will, *Korinthiaka. Recherches sur l'histoire et la civilisation de Corinthe des origines aux guerres médiques*, Paris, 1955.

Charondas de Catane (VIIe s.) : ses lois, écrites en prose rythmée, se propagèrent en Grande-Grèce, dans les colonies chalcidiennes de Sicile, puis dans l'île de Côs, dans la Chalcidique de Thrace, et en Cappadoce.

Dracon (VIIe s.) : législateur athénien qui rédigea un code de lois d'une telle sévérité qu'on a dit de lui qu'il avait été écrit « non avec de l'encre mais avec du sang ». Il avait cependant l'avantage de fixer le droit dans des lois écrites, de retirer des mains de l'aristocratie l'administration de la justice, de substituer une procédure légale à la vengeance privée.

Éphialte : chef du parti démocratique à Athènes sous l'archontat de Conon (462-461), il enleva au Conseil de l'Aréopage une grande partie de ses attributions politiques et judiciaires. Il n'y a plus que les affaires d'incendie, d'empoisonnement et de meurtre avec préméditation d'un citoyen qui relèvent de sa juridiction. C'est Périclès qui succédera à Éphialte à la tête du parti démocratique. Cf. *Const. Ath.*, XXV et XXVII.

Onomacrite : poète athénien de la fin du VIe s. Il aurait été chargé, par Pisistrate, de rassembler et de publier les poèmes homériques, et par Hipparque, les œuvres attribuées à Musée.

Phaléas de Chalcédoine (~IVe - ~Ve s.) : contemporain de Platon. Il ne nous est connu que par ce qu'en dit Aristote. Dans l'*Esprit des Lois* (V, 5 : « Comment les lois établissent l'égalité dans la démocratie »), Montesquieu critique son projet pour « rendre égales les fortunes dans une république où elles ne l'étaient pas ». C'est en effet, à ses yeux, au prix d'une haïssable égalité des conditions sous lesquelles les uns et les autres sont mis [la réglementation sur les dots] que l'on pourrait parvenir à une égalité des fortunes. Or « il est bon quelquefois que les lois ne paraissent pas aller si directement au but qu'elles se proposent ».

Pheidôn (ou Phidon) de Corinthe (VIIe s.) : personnage inconnu pour J. Tricot, dans son édition de la *Politique* (Paris, Vrin, 1970, n. 2, p. 111), il doit être distingué du tyran d'Argos de la famille des Téménides, cité en V, 10, 1310 b 26 (*cf.* n. 5, p. 392), auquel J. Aubonnet l'identifie (Paris, C.U.F., 1968, tome I, p. 146, n. 2 à la p. 67). C'est le tyran d'Argos qui, d'après Hérodote (VI, 127), « donna aux

Péloponnésiens leurs poids et mesures ». Il fut peut-être le premier à battre monnaie dans la Grèce continentale.

Pittacos de Mytilène (VIIe - VIe s.) : l'un des Sept Sages. Les Mytiléniens le désignèrent comme *aisymnète* – arbitre choisi par les parties en présence pour restaurer l'ordre en cas de crise. Il conserva cette fonction pendant dix ans, puis l'abandonna volontairement après avoir accompli sa tâche. *Cf.* Diogène Laërce I, 74-81.

Thalès (ou Thaletas) de Crète (Ve s.) : poète et musicien originaire de Crète, il aurait inventé les mètres péoniques et crétiques qu'il aurait introduit à Sparte. Il ne faut pas le confondre avec le « physicien » de Milet.

Zaleucos (VIIe s.) : toujours tenu en grande estime par les Locriens au temps de Cicéron, son code de loi était d'une sévérité extrême. La légende veut que son propre fils, coupable d'adultère, ait dû être condamné à l'aveuglement, conformément aux lois paternelles. Législateur inflexible, Zaleucos refusa la grâce que lui demandait le peuple ; mais, bon père, il se creva un œil… pour que son fils n'en perde qu'un.

Vocabulaire des institutions

Amphictyonie : c'est une association à caractère religieux de cités ou de peuples autour d'un ou deux sanctuaires communs.

Apophora **:** redevance fixe annuelle versée par les hilotes au Spartiate détenteur du klèros* ; elle assurait la subsistance de deux Spartiates (père et fils, ou frères).

Arbitre : *cf.* **Juge.**

Chevaliers : membres de la deuxième classe censitaire, avec un revenu annuel de 300 médimnes de céréales (1 médimne = 51, 84 l) ou 300 métrètes de vin ou d'huile (1 métrète = 39, 3 l).

Éphores : les éphores sont au nombre de cinq ; ils sont élus pour un an, sans que soient prises en compte leur fortune et leur naissance. Il leur revient de recevoir les ambassades, de désigner celui des deux rois qui conduira l'armée et que deux d'entre eux accompagneront pendant toute la durée de la campagne, de contrôler l'éducation. Ils peuvent même, unis aux gérontes*, juger les rois.

Épiclère : la fille épiclère devait, en l'absence d'héritiers mâles, transmettre le *klèros** [lot de terre] de

son père à ses propres fils. Pour que ce *klèros* demeure dans la famille du père, il lui fallait épouser son plus proche parent du côté paternel. À Sparte, les rois pouvaient également lui imposer pour époux un homme sans *klèros*. Mais au IVe siècle cette règle est de moins en moins appliquée, entraînant une inégalité des lots de terre, leur concentration entre les mains de quelques-uns et l'augmentation du nombre des *Hupomeiones**.

Ethnos **:** ce peut être soit une « fédération de communautés » qui « conservent leur indépendance les unes par rapport aux autres, ne se liant qu'en fonction de fins précises », religieuses – comme les amphictyonies* – ou militaires – les symmachies* ; soit une « communauté fédérale », les éléments fédérés perdant dans ce cas une partie de leur indépendance au profit d'un État fédéral (Éd. Will [1972], p. 465). La *confédération arcadienne*, qui « groupait les cités arcadiennes autour d'une capitale créée de toutes pièces, Mégalopolis », appartient à cette dernière catégorie. Sur les États fédéraux au IVe s., *cf.* Éd. Will *et al.* (1975), pp. 181-182.

Gardiens-des-citoyens *(politophulakes)* : tel est le nom que portent les magistrats élus de Larissa, en Thessalie.

Gérontes : les vingt-huit gérontes âgés de plus de soixante ans – le mot *gerontes* désignant les vieillards, les anciens – sont élus à vie ; ils ne sont pas soumis à reddition de compte. C'est à eux qu'il appartient d'élaborer les projets de loi soumis à l'assemblée (l'*apella*) réunissant les citoyens spartiates de plein droit (les *Homoioi*) sous la présidence des éphores*. Si le résultat du vote ne leur convient pas, ils ont d'ailleurs la possibilité de le casser.

Hétairies : il faut se garder de confondre les hétairies athéniennes et les hétairies crétoises ou spartiates. Les hétairies athéniennes sont qualifiées par Éd. Will ([1972], p. 271) de « compagnonnages secrets », véritables groupes de pression dont les membres se recrutaient parmi les aristocrates partisans de l'oligarchie. Les hétairies des cités crétoises de Théra et de Cyrène, ainsi que les *phidities* spartiates (du moins dans l'esprit d'Aristote) « étaient des groupes constitués dans les cités au sein d'une aristocratie ou d'une sorte de caste composée d'une partie des citoyens attachés à conserver dans tous les domaines leurs privilèges. [...] <Elles> consacraient l'existence, au sein de la collectivité, des liens de dépendance ou de subordination » (D. Roussel [1976], pp. 129-130. Voir l'ensemble du ch. VI, « Hétairies et Syssities », pp. 123-132).

Hilotes : les *hilotes* (à Sparte) et les *pénestes* (en Thessalie) sont des dépendants. Ils appartiennent à l'État. Asservis collectivement à la suite d'une guerre de conquête, ils cultivent la terre à laquelle ils sont attachés moyennant une redevance, l'*apophora**. Les uns et les autres pouvaient servir à la guerre. On doit les distinguer de l'esclave proprement dit, le *doulos*, objet de propriété qui peut être vendu ou loué, et sur lequel le maître a droit de vie et de mort. À Athènes, Solon ayant interdit l'esclavage pour dettes, les esclaves sont d'origine étrangère.

Hupomeiones **:** Spartiates déchus parce qu'ils ne peuvent plus contribuer à l'organisation des *syssities*, soit qu'ils aient perdu leur *klèros**, soit que celui-ci soit devenu insuffisant. Ils sont exclus du corps civique, c'est-à-dire qu'ils sont privés des droits politiques et du revenu d'une terre.

Juge : il faut distinguer le juge *(dikastes)* de l'arbitre

(diaitètès). Les *juges* sont tirés au sort (six cents par tribu)) parmi les citoyens de plus de trente ans : au nombre de six mille, ils composent le plus grand tribunal populaire athénien, l'Héliée. Action privée *(dikè)*, jugée en appel de la sentence prononcée par l'arbitre, et action publique *(graphè)* sont de leur ressort. Ils reçoivent un salaire *(misthos)* de deux, puis de trois oboles par séance. Quant aux *arbitres*, ce sont tous les citoyens âgés de soixante et soixante et un ans qui ne sont pas magistrats. L'arbitre *public* est tiré au sort dans la tribu de l'accusé ; il tente une conciliation et, en cas d'échec, rend une sentence dont on peut faire appel devant le tribunal de l'Héliée. Les plaignants peuvent également désigner un arbitre *privé* de gré à gré.

***Klèros* :** c'est un *lot de terre*. À Sparte, il est attribué à chaque citoyen. D'après Plutarque (*Lycurgue* 8), ce n'est pas moins de 9 000 *klèroi* égaux qui furent répartis entre les *Homoioi*. Ce *klèros* est cultivé par les *hilotes**. Il ne peut être vendu. Néanmoins la loi d'Épitadeus, au début du IVe siècle, en autorise l'aliénation par don ou par legs.

Pénestes : voir *Hilotes*.

Pentacosiomédimnes : membres de la première classe censitaire, dont le revenu annuel devait être de 500 médimnes de céréales (1 médimne = 51, 84 l) ou 500 métrètes de vin ou d'huile (1 métrète = 39, 3 l).

Périèques : les périèques, littéralement « ceux qui résident autour » *(peri-oikoi)* du territoire de la cité, à sa périphérie, sont « en général des peuples indigènes, autochtones, non grecs » (M. Casevitz [1985], p. 189 ; sur les principales attestations de ce mot et les principaux témoignages littéraires, voir l'ensemble du ch. XII, pp. 188-191). Libres, ils n'ont

pourtant aucun des droits politiques des citoyens. Il y avait des périèques à Sparte, en Thessalie, en Argolide, en Crète et à Cyrène. Leur condition était cependant assez différente d'une cité à l'autre : relativement autonomes à Sparte (où ils forment la communauté des Lacédémoniens avec les *Homoioi*) et en Thessalie (où ils sont organisés en États reconnus et frappent monnaie), en Argolide et en Crète, leur statut n'est pas très différent de celui des hilotes.

Phratrie : la phratrie était une *association* à cheval « entre l'ordre de la parenté et l'ordre du politique » puisque les phratères intervenaient « dans tous les événements marquants dans la vie des familles », (naissance, mariage, décès, etc.) et que, par ailleurs, « la règle voulait que la qualité d'Athénien allât avec celle de phratère » (D. Roussel [1975], p. 143-145).

Stratèges : les stratèges sont des magistrats élus ; ils sont au nombre de dix, un par tribu. Au Ve s., les stratèges n'ont pas seulement en charge la conduite de la guerre, mais également la politique intérieure et extérieure de la cité, intervenant à l'assemblée *(ekklèsia)* et au Conseil *(boulè)* pour défendre leur politique. Au IVe s., leur rôle est progressivement limité à des activités purement militaires.

Symmachie : c'est une alliance à caractère militaire, offensive et défensive.

Syssities : les *syssities* sont des repas régulièrement pris en commun. À Sparte, les citoyens de plein droit (les *Homoioi*, les « Semblables ») sont tenus d'y assister, chacun devant apporter sa quote-part. Celui qui était dans l'incapacité de le faire tombait dans la classe des *Hupomeiones* (les « Inférieurs »)*. Il n'en est pas de même en Crète où les *syssities*, appelées *andries*, sont organisées à frais commun.

Thètes : ils ont un revenu annuel inférieur à 200 médimnes de céréales (1 médimne = 51, 84 l) ou 200 métrètes de vin ou d'huile (1 métrète = 39, 3 l). Beaucoup de thètes servent comme rameurs dans la flotte athénienne.

Tribu : la tribu *(phulè)* est une subdivision du corps civique. À Athènes, la réforme de Clisthène (508-507) les fait passer de quatre, comme dans toutes les cités ioniennes, à dix. *Cf.* Hdt, V, 66.

Xenèlasia **:** à Sparte les éphores* pouvaient, par exemple en temps de guerre, procéder à l'expulsion des étrangers (*cf.* Thuc., I, 144 ; II, 39). Platon juge le procédé sauvage et rude, propre à donner, de ceux qui l'exercent, la réputation d'hommes arrogants et intolérants à l'égard des autres (*Lois,* XII, 950 b).

Zeugites : (ceux qui possèdent « un attelage de bœufs » *[zeugos]*) membres de la troisième classe censitaire, ils ont un revenu annuel de 200 médimnes de céréales (1 médimne = 51, 84 l) ou de 200 métrètes de vin ou d'huile (1 métrète = 39, 3 l).

Vocabulaire philosophique

Amitié ***(philia)*** **:** l'amitié désigne une gamme de sentiments qui peuvent s'appliquer tout aussi bien à des relations de passages (compagnons de route ou de jeu), qu'à des amis de longue date, que ce qui les unit soit le plaisir, l'utilité ou la communauté de vues et d'activités. Elle renvoie également à l'amour entre époux, entre amants, entre parents et enfants.

Fermeté ***(karteria)*** **:** la fermeté (ou endurance) est d'abord qualité de héros, ou de soldats : on est ferme à la guerre ou au combat (cf. *Iliade,* V, 552 ; IX, 53 ; Eschyle, les *Sept contre Thèbes,* 517 ; Euripide, les *Héraclides,* 837). Mais elle se manifeste également face au plaisir et à la douleur, aux craintes et aux désirs (cf. *Lachès* 191 d - 192 b). Elle est, pour Aristote, ce qui permet de *résister* aux passions, ce dont certains, par *mollesse (malakia),* sont incapables, qu'il faille voir là les effets de la race ou ceux du sexe. C'est néanmoins une qualité *seconde* par rapport à la modération *(sophrôsunè)**, tout comme est seconde la défaite évitée par rapport à la victoire acquise (cf. *Éth. Nic.,* VII, 8).

Kainotomon (to) **:** le mot est un *hapax* chez Aristote, mais le verbe *kainotomein* en *Pol.,* II, 7, 1266 a 35, oppose les *innovations* concernant la communauté

des enfants et des femmes, ainsi que les *syssities* des femmes aux contraintes de la réalité.

Kompson (to) **:** l'élégance de la forme, à laquelle renvoie l'adjectif *kompsos*, est très souvent associée à l'absence de vérité. Voir par exemple *Traité du Ciel*, II, 9, 290 b 14-15, à propos de la théorie suivant laquelle le mouvement des astres produit une harmonie : « en dépit de l'*élégance* et de l'originalité déployées par ses défenseurs, <elle> ne possède néanmoins aucune vérité » ; ou II, 13, 295 b 16, à propos des théories des philosophes selon lesquels la terre est immobile par indifférence : « c'est là, certes, une solution *élégante*, mais sans vérité ». L'usage est identique dans la *Pol.*, IV, 11, 1291 a 11 à propos de la « cité première » de la *République* : « Cette question est exposée d'une manière *élégante* certes, mais inadéquate. »

Lascivité *(truphè)* : la lascivité est une sorte de mollesse *(malakia)*, c'est-à-dire une incapacité à endurer des peines que la majorité des hommes endurent (*Éth. Nic.*, VII, 8). On pourrait presque dire que c'est la mollesse au féminin, qu'elle soit le fait d'une femme qui vit dans le luxe et la débauche, ou d'un homme efféminé.

Libéralité *(eleuthériotès)* : la libéralité est une vertu relative à l'usage des richesses, et elle se manifeste dans la dépense et dans le don : « ceux qui sont appelés libéraux sont ceux qui donnent » (*Éth. Nic.*, IV, 1, 1120 a 19).

Licence *(akolasia)* : la licence est l'excès *volontaire* dans les plaisirs du toucher et du goût (voir *infra* **Modération**). Il y a excès lorsqu'on « prend plaisir à des choses qu'on ne doit pas désirer », ou lorsqu'on « dépasse la mesure courante », ou lorsqu'on « prend

son plaisir d'une mauvaise manière » (*Éh. Nic.*, III, 13-15).

Modération ***(sôphrosunè)*** **:** la modération s'applique aux plaisirs corporels du toucher et du goût, c'est-à-dire à ceux que l'homme possède en commun avec les animaux, à l'exclusion des plaisirs qui lui sont propres, à savoir ceux de la vue, de l'ouïe et de l'odorat (lorsque ces derniers sont sans relation avec le goût), *cf. Éth. Nic.*, III, 13. Notons que l'homme modéré, spontanément ou par habitude, n'a pas à faire d'effort pour être ce qu'il est « car il ne prend pas plaisir aux choses qui séduisent le plus l'homme déréglé (elles lui répugnent plutôt) (...) pas plus qu'il ne ressent de peine ou de plaisir à leur absence » (III, 14).

Peritton (to) **:** pour l'usage positif de ce mot, voir *Top.* VI, 4, 141 b 14, à propos de l'antérieur qui, au sens absolu, est plus connu que le postérieur, mais exige pour cela « un esprit pénétrant et *hors de pair* » , pour son usage négatif, voir *Mét.*, IX, 1, 1053 b 3, à propos de la maxime protagoréenne sur l'homme-mesure : elle « n'est *remarquable qu'en apparence* ».

Zetetikon (to) **:** ce mot, outre *Politique,* II, n'apparaît que dans les *Problemata*, 309 b 6.

La Grèce au temps d'Aristote

Bibliographie

Cette bibliographie n'a pas la prétention de l'exhaustivité. Elle vise simplement à fournir au lecteur des instruments de travail qui lui permettront, s'il le souhaite, d'aller plus loin dans ses lectures. C'est dans le même esprit qu'une place appréciable a été ménagée à la littérature anglo-saxonne, dont l'importance – tout particulièrement en ce qui concerne Aristote – n'est plus à démontrer.

Bibliographie, index, usuels

Bibliographie

SCHWAB, M., *Bibliographie d'Aristote*, New York, B. Franklin, 1967 (1re éd. 1896).

Lustrum, 32 (1990) : « Aristoteles' *Politik*, 1925-1985, I. Teil », par TOULOUMAKOS, J., pp. 177-282.

Index

BONITZ, H., *Index Aristotelicus*, in *Aristotelis Opera*, t. V, Graz, Akademische Druck/Verlagsanstalt, 1955 (1re éd. 1870).

ORGAN, T. W., *An Index to Aristotle in English Translation*, Princeton, 1949.

ARISTOTE, *Politique*, texte établi et traduit par AUBONNET, J., *Livre VIII et Index* [français et grec], tome III, 2, Paris, C.U.F., Les Belles Lettres, 1989.

Usuels

BARNES, J. (ed.), *The Cambridge Companion to Aristotle*, Cambridge University Press, 1995.

KEYT, D. and MILLER F. D. (edd.), *A Companion to Aristotle's* Politics, Oxford-Cambridge (Mass.), Basil Blackwell, 1991.

Études générales

AUBENQUE, P., *La Prudence chez Aristote*, Paris, P.U.F., collection Quadrige, 1993 (1re éd. 1963) : AUBENQUE (1963).

BARNES, J., *Aristotle*, Londres, Duckworth, 1982 : BARNES (1982).

HAMELIN, O., *Le Système d'Aristote*, Paris, Félix Alcan, 1931 : HAMELIN (1931).

JAEGER, W., *Aristote. Fondements pour une histoire de son évolution*, traduit et présenté par Olivier Sedeyn, Paris, Éditions de l'Éclat, 1997 (1re éd. all. 1923, 2e éd. ang. modifiée 1948) : JAEGER (1997).

MOREAU, J., *Aristote et son école*, Paris, P.U.F., 1985 (1re éd. 1962) : MOREAU (1985).

ROBIN, L., *Aristote*, Paris, P.U.F., 1944 : ROBIN (1944).

ROMEYER DHERBEY, G., *Les Choses mêmes. La pensée du réel chez Aristote*, Lausanne, L'Âge d'Homme, 1983 : ROMEYER DHERBEY (1983).

ROSS, D., *Aristote*, traduit par Jean Samuel, Paris/Londres/New York, Gordon & Breach, 1971 (1re éd. 1923) : ROSS (1971).

Études sur la *Politique* d'Aristote

Ouvrages collectifs

La « Politique » d'Aristote, Entretiens sur l'Antiquité Classique, 31 août – 5 septembre 1964, tome XI, Vandœuvres-Genève, 1965 : *La « Politique » d'Aristote.*

Articles on Aristotle. 2. Ethics & Politics, edited by BARNES J., SCHOFIELD M., SORABJI R., Londres, Duckworth, 1977 : *Articles on Aristotle. 2.*

« Autour de la *Politique* d'Aristote », *Ktèma. Civilisations de l'Orient, de la Grèce et de Rome antiques*, 5 (1980) : « Autour de la *Politique* d'Aristote ».

Aristoteles « Politik », Akten des XI. Symposium Aristotelicum, Friedrichshafen/Bodensee (25.8 – 3.9. 1987), herausgegeben von PATZIG G., Göttingen, Vandenhoeck & Ruprecht, 1990 : *Aristoteles « Politik ».*

Aristote politique. Études sur la Politique *d'Aristote*, sous la direction de P. AUBENQUE, publiées par A. TORDESILLAS, Paris, P.U.F., 1993 : *Aristote politique.*

Aristote et Athènes = Aristoteles and Athens, Actes de la Table ronde « Centenaire de l'*Athenaion Politeia* », Fribourg (Suisse), 23-25 mai 1991, études rassemblées par M. PIÉRART, Fribourg, Séminaire d'Histoire ancienne de l'Université de Fribourg, Paris, De Boccard, 1993 : *Aristote et Athènes.*

Articles et monographies

BODÉÜS, R., *Le Philosophe et la cité. Recherches sur les rapports entre morale et politique dans la pensée d'Aristote*, Paris, Les Belles Lettres, 1982 : BODÉÜS (1982).

BODÉÜS, R., *Philosophie et politique chez Aristote*,

Namur, Société des Études classiques, 1991 : Bodéüs (1991).

Bodéüs, R., *Aristote. La justice et la Cité*, Paris, P.U.F., 1996 : Bodéüs (1996).

Cassin, B., « De l'organisme au pique-nique. Quel consensus pour quelle cité ? », dans *Nos Grecs et leurs modernes. Les stratégies contemporaines d'appropriation de l'Antiquité*, textes réunis par B. Cassin, Paris, Seuil, 1992 : Cassin (1992).

Goldschmidt, V., « Le concept d'autarcie », dans *Écrits – Tome 1. Études de philosophie ancienne*, Paris, Vrin, 1984, pp. 85-87 : Goldschmidt (1984).

Labarrière, J.-L., « Aristote. Vers une poétique de la politique ? », *Philosophie*, 11 (1986), pp. 25-46 · Labarrière (1986).

Lefèvre, C., « Approches aristotéliciennes de l'égalité entre les citoyens », *Revue Internationale de Philosophie*, 133-134 (1980), pp. 541-556 : Lefèvre (1980).

Murray, O., « *Polis* and *politeia* in Aristotle », in *The Ancient Greek City-State*, Symposium on the occasion of the 250th anniversary of the Royal Danish Academy of Sciences and Letters, July, 1-4 1992, ed. by Hansen M. H., Copenhagen, Munksgaard, 1993, pp. 197-210 : Murray (1993).

Newman, W. L., *The Politics of Aristotle*, 4 vol., Oxford, Clarendon Press, 1887-1902 : Newman (1887-1902).

Pellegrin, P., « Introduction » aux *Politiques* d'Aristote, traduction inédite, introduction, bibliographie, notes et index par P. Pellegrin, Paris, Flammarion, 1990, pp. 5-7 : Pellegrin (1990).

Rodrigo, P., « D'une excellente constitution. Notes sur *politeia* chez Aristote », *Revue de Philosophie Ancienne*, 5 (1987), pp. 71-93 : Rodrigo (1987).

Romeyer Dherbey, G., « La République selon Aristote et Platon », *Philosophie politique*, 4 (1993), pp. 11-20 : Romeyer Dherbey (1993).

STRAUSS, L., *La Cité et l'Homme*, traduction et présentation de Olivier Berrichon-Sedeyn, Paris, Agora, 1987 (1re éd. 1964) : STRAUSS (1987).

VERGNIÈRES, S., *Éthique et politique chez Aristote. Physis, Êthos, Nomos*, Paris, P.U.F., 1995 : VERGNIÈRES (1995).

VILATTE, S., « Aristote et les Arcadiens : *ethnos* et *polis* dans la *Politique* », *Dialogues d'Histoire Ancienne*, 10 (1984), pp. 179-202 : VILATTE (1984).

WEIL, R., *Aristote et l'histoire. Essai sur la « Politique »*, Paris, Klincksieck, 1960 : WEIL (1960).

WOLFF, F., *Aristote et la politique*, Paris, P.U.F., 1991 : WOLFF (1991).

Études sur le livre II de la *Politique*

BERTELLI, L., *Historia e Methodos. Analisi critica e topica politica nel secondo libro della « Politica » di Aristotele*, Turin, Paravia, 1977 : BERTELLI (1977).

BRUNSCHWIG, J., « Du mouvement et de l'immobilité de la loi », *Revue Internationale de Philosophie*, 133-134 (1980), pp. 512-540 : BRUNSCHWIG (1980).

CANTO-SPERBER, M., « L'unité de l'État et les conditions du bonheur public (Platon, *République*, V ; Aristote, *Politique*, II) », dans *Aristote politique*, pp. 49-71 : CANTO-SPERBER (1993).

CLOCHÉ, P., « Aristote et les institutions de Sparte », *Les Études Classiques*, 11 (1942), pp. 289-313 : CLOCHÉ (1942).

DE LAIX, R. A., « Aristotle's conception of the Spartan constitution », *Journal of the History of Philosophy*, 12 (1974), pp. 21-30 : DE LAIX (1974).

JOUANNA, J., « Médecine et politique dans la *Politique* d'Aristote (II, 1268 *b* 25 – 1269 *a* 28) », dans *Autour de la* Politique *d'Aristote*, pp. 257-266 : JOUANNA (1980).

HUXLEY, G. L., « Crete in Aristotel's *Politics* », *Greek, Roman and Byzantine Studies*, 12 (1971), pp. 505-515 : HUXLEY : (1971).

KEANEY, J. J., « Aristotle's *Politics*, II, 12, 1274 *a* 22 – *b* 28 », *American Journal of Ancient History*, 6 (1981), pp. 97-100 : KEANEY (1981).

LANZA, D., « La critica aristotelica a Platone e i due piani della *Politica* », *Atheneum* NS, 49 (1971), pp. 355-392 : LANZA (1971).

MARTIN FERRERO, F., *El libro II de la « Politica » de Aristoteles. La autenticidad del capitulo 12*, Salamanque, Ediciones Universidad de Salamanca, 1984 : MARTIN FERRERO (1984).

MAYHEW, R., « Aristotle on the extent of the communism in Plato's *Republic* », *Ancient Philosophy*, 13 (1993), pp. 313-321 : MAYHEW (1993).

MORROW, G. R., « Aristotle's comments on Plato's *Laws* », in *Aristotle and Plato in the mid-fourth century*, Papers of the Symposium Aristotelicum held at Oxford in August 1957, ed. by I. DÜRING and G. E. L. OWEN, Göteborg/Stockholm/Uppsala, Almqvist & Wiksell, 1960, pp. 145-162 : MORROW (1957).

NUSSBAUM, M. C., « Shame, Separateness and Political Unity. Aristotle's Criticism of Plato », in A. O. RORTY (ed.), *Essays on Aristotle's Ethics*, Berkeley and Los Angeles, University of California Press, 1980, pp. 395-435 : NUSSBAUM (1980).

SIMPSON, P., « Aristotle's criticism of Socrates communism of wives and children », *Apeiron*, 24 (1991), pp. 99-114 : SIMPSON (1991).

Autres ouvrages

CASEVITZ, M., *Le Vocabulaire de la colonisation en grec ancien*, Paris, Klincksieck, 1985 : CASEVITZ (1985).

DESCLOS, M.-L., « Que l'on ne doit pas blâmer les cités

sans gardiens ou mal gardées. Le serment des rois atlantes (*Critias*, 119 c - 120 c) », *Kernos*, 9 (1996), pp. 311-326 : DESCLOS (1996).

DOVER, K. J., *Homosexualité grecque*, trad. S. Saïd, Grenoble, La Pensée Sauvage, 1982 (1re éd. angl. 1978) : DOVER (1982).

FRAISSE, J.-C., *Philia. La notion d'amitié dans la philosophie antique : essai sur un problème perdu et retrouvé*, Paris, Vrin, 1984 : FRAISSE (1984).

GARLAN, Y., *Les Esclaves en Grèce ancienne*, Paris, La Découverte, 1995 (1re éd. 1982) : GARLAN (1995).

LÉVÊQUE, P., et VIDAL-NAQUET, P., *Clisthène l'Athénien Essai sur la représentation de l'espace et du temps dans la pensée politique grecque de la fin du VIe s. à la mort de Platon*, Paris, Macula, 1983 (1re éd. 1964) : LÉVÊQUE et VIDAL-NAQUET (1983).

LORAUX, N., « La cité, l'historien, les femmes », *Pallas*, 32 (1985), pp. 7-39 : LORAUX (1985).

LORAUX, N., *La Cité divisée. L'oubli dans la mémoire d'Athènes*, Paris, Payot, 1997 : LORAUX (1997).

MARTIN, R., *L'Urbanisme dans la Grèce antique*, 2e éd. augmentée, Paris, Picard, 1974 (1re éd. 1956) : MARTIN (1974).

ROUSSEL, D., *Tribu et cité. Études sur les groupes sociaux dans les cités grecques aux époques archaïques et classiques*, Paris, Les Belles Lettres, 1975 : ROUSSEL (1975).

RUDHARDT, J., *Notions fondamentales de la pensée religieuse et actes constitutifs du culte dans la Grèce classique*, Paris, Picard, 1992 (1re éd. 1958) : RUDHARDT (1992).

VERNANT, J.-P., « Le mythe hésiodique des races. Essai d'analyse structurale » (1960), repris dans *Mythe et pensée chez les Grecs*, Paris, Maspero, 1974, tome 1, pp. 13-41 : VERNANT (1974).

WILL, E., *Le Monde grec et l''Orient – Tome 1 : Le Ve siècle (510-403)*, Paris, P.U.F., 1972 : WILL (1972).

WILL, E., MOSSÉ, CL., GOUKOWSKY, P., *Le Monde grec et l'Orient – Tome 2 : Le IVe siècle et l'époque hellénistique*, Paris, P.U.F., 1975 : WILL *et al.* (1975).

Liste des abréviations

Il. : *Iliade*
Od. : *Odyssée*
Hdt : Hérodote, *Histoires*
Thuc. : Thucydide, *Histoire de la guerre du Péloponnèse*

ARISTOTE

Const. Ath. : *Constitution des Athéniens*
De An. : *Traité de l'Âme*
Écon. : *Économiques*
Éth. Eud. : *Éthique à Eudème*
Éth. Nic. : *Éthique à Nicomaque*
Hist. an. : *Histoire des animaux*
Magn. mor. : *Magna moralia* ou *Grands livres d'éthique*
Mét. : *Métaphysique*
Phys. : *Physique*
Pol. : *Politique*
Réf. soph. : *Réfutations sophistiques*
Rhét. : *Rhétorique*
Top. : *Topiques*

PLATON

Ménex. : *Ménexène*
Polit. : *Politique*
Rép. : *République*
Symp. : *Banquet*
Tim. : *Timée*

XÉNOPHON

Rép. Lac. : *République des Lacédémoniens*

TABLE

Ce volume,
le vingt-neuvième
de la collection « Classiques en poche »,
publié aux Éditions Les Belles Lettres,
a été achevé d'imprimer
en octobre 2002
dans les ateliers
de **Bussière Camedan Imprimeries,**
18203 Saint-Amand-Montrond.

Dépôt légal : octobre 2002.
N° d'édition : 4127 - N° d'impression : 024408/1

Imprimé en France